物理一点通
Physics Handbook

肖立峰 编

北京语言大学出版社
BEIJING LANGUAGE AND CULTURE
UNIVERSITY PRESS

© 2020 北京语言大学出版社,社图号 19109

图书在版编目 (CIP) 数据

物理一点通 / 肖立峰编. —— 北京:北京语言大学出版社,2020.1
(来华留学生专业汉语学习丛书)
ISBN 978-7-5619-5521-5

Ⅰ. ①物… Ⅱ. ①肖… Ⅲ. ①物理-汉语-对外汉语教学-教材 Ⅳ. ① H195.4

中国版本图书馆 CIP 数据核字 (2019) 第 259070 号

物理一点通
WULI YIDIANTONG

责任编辑:	唐琪佳　李　凯
排版制作:	北京创艺涵文化发展有限公司
责任印制:	周　燚

出版发行:	北京语言大学出版社
社　　址:	北京市海淀区学院路 15 号,100083
网　　址:	www.blcup.com
电子信箱:	service@blcup.com
电　　话:	编 辑 部　8610-82303647/3592/3395
	国内发行　8610-82303650/3591/3648
	海外发行　8610-82303365/3080/3668
	北语书店　8610-82303653
	网购咨询　8610-82303908
印　　刷:	北京中科印刷有限公司

版　次: 2020 年 1 月第 1 版			
印　次: 2020 年 1 月第 1 次印刷			
开　本: 787 毫米 ×1092 毫米　1/32		**印　张:** 8.375
字　数: 179 千字		**定　价:** 65.00 元

PRINTED IN CHINA

前　言

本书是理工科来华留学生学习物理的必备工具书，也是中国教育部"中国政府奖学金来华留学生预科教育"项目的推荐用书，适合零起点或稍有汉语基础的留学生使用。

本书基础知识分为四个部分：力学部分、热学部分、电磁学部分和光学部分。其内容涵盖了高中的绝大部分知识点以及大学物理常用的基础知识点。本书融物理知识和科技汉语知识于一体，不仅有助于提高学习者的物理知识水平，而且能够增强学习者的科技汉语表达能力，切实帮助留学生解决物理学习过程中遇到的语言障碍。

本书由天津大学理学院肖立峰担任主编，其主要负责全书的统稿、审定。书中的力学、电磁学以及热学与光学各部分的编写工作分别由天津大学理学院的潘力、冯列峰、肖立峰三位老师负责。附录部分的专业词汇表和常用表达由三位物理老师分别从各自负责编写的物理知识中摘取、整理、翻译并加注汉语拼音。全书的拼音和常用表达中的汉语知识由天津大学国际教育学院从事预科汉语教学工作的王子君负责审定和修改。参加本书编写的人员都是多年从事预科物理教学和预科汉语教学的教师，其中物理教师既从事预科物理教学，也从事大学本科的公共物理以及专业物理的教学。

本书作为《来华留学生专业汉语学习丛书——物理》的补充辅导书，可以帮助学生在巩固基础知识的同时，进一步延伸相关知识点。本书内容以高中物理知识为主体，同时分别向初中和大学进行了延伸，其中，带"✪"的部分为大学阶段学习内容，可只作了解用。

由于编者水平有限，加之编写时间仓促，书中不足之处在所难免，恳请广大读者批评指正。

编者

Preface

This handbook is an indispensable physics reference book for international students who are to-be majors of science and engineering in China, who have no or little experience of learning Chinese. It is also one of the recommended books of the Chinese Government Scholarship for Pre-University International Students supported by China's Ministry of Education.

The rudimentary knowledge in this book is divided into four sections: force, thermology, electromagnetism, and optics, covering the majority of high school physics and common basics of university physics. Integrating physics with scientific and technical Chinese, this book can improve students' knowledge of physics as well as their ability of expression in scientific and technical Chinese, helping them conquer the linguistic barriers they may encounter while studying physics.

Xiao Lifeng in the School of Science at Tianjin University is the editor-in-chief of this book, responsible for the compilation and finalization of the manuscript. Sections of force, electromagnetism, and thermology and optics were respectively written by three physics teachers in the School of Science at Tianjin University—Pan Li, Feng Liefeng, and Xiao Lifeng. The three of them also extracted technical terms and common expressions from the respective parts they were responsible for, translated them, annotated them with pinyin, and organized them into glossaries in the appendix. All of the pinyin and Chinese knowledge (in common expressions) were reviewed by Wang Zijun, a teacher of pre-university Chinese in the School of International Education, Tianjin University. The whole team is made up of veteran teachers of pre-university physics or Chinese, among whom the physics teachers teach both pre-university physics and common and professional university physics.

As a supplement to *Physics* (in the Series of Textbooks Designated for Chinese Government Scholarship Students), this book extends relevant knowledge points while reinforcing students' mastery of the rudimentary knowledge. This book has its greater part focusing on high school physics, but meanwhile covers certain knowledge in secondary school and university. ✪ is used to mark university knowledge for students to get a rough idea of.

Users are welcome to point out to us any deficiencies or inadequacies they may find in the book.

The authors

目 录

第一章 力 Force 1

1.1 力的基本概念 Basic concepts in mechanics 1

1.2 力的三要素及其矢量性 A force's three factors and its vector property 2

1.3 常见的几种力 Common forces 3

1.4 基本力 Fundamental forces 12

1.5 万有引力定律 Law of universal gravitation 12

第二章 质点运动学 Particle Kinematics 17

2.1 质点 Particle 18

2.2 参考系与坐标系 Reference frame and coordinate system 19

2.3 匀速直线运动 Uniform rectilinear motion 20

2.4 匀加速直线运动 Uniformly accelerated rectilinear motion 28

2.5 匀速圆周运动 Uniform circular motion 33

第三章 牛顿定律 Newton's Laws 44

3.1 牛顿定律 Newton's Laws 44

3.2 对牛顿定律的理解 Understanding of Newton's Laws 46

3.3 牛顿定律应用 Applying Newton's Laws ……… 52

第四章 动量 Momentum ……… 63

4.1 冲量与动量 Impulse and momentum ……… 63
4.2 动量定理 Theorem of momentum ……… 65
4.3 动量守恒定律 Law of conservation of momentum ……… 68

第五章 机械能 Mechanical Energy ……… 72

5.1 功 Work ……… 73
5.2 动能与动能定理 Kinetic energy and theorem of kinetic energy ……… 76
5.3 势能 Potential energy ……… 79
5.4 机械能守恒定律 Law of conservation of mechanical energy ……… 82

第六章 电场 Electric Field ……… 86

6.1 电荷与库仑定律 Electric charge and Coulomb's Law ·· 87
6.2 电场与电场强度 Electric field and electric field intensity ……… 91
6.3 电场中的导体与静电平衡 Conductors in an electric field and electrostatic equilibrium ……… 94
6.4 电势差与电势 Electric potential difference and electric potential ……… 96
6.5 电容 Capacitance ……… 101
6.6 带电粒子在匀强电场中的运动 Motion of a charged particle in a uniform electric field ……… 104

第七章 直流电路 Direct Current Circuit —— 113
7.1 电路与欧姆定律 Electric circuit and Ohm's Law —— 114
7.2 串联电路与并联电路 Series and parallel circuits —— 118
7.3 闭合电路的欧姆定律 Ohm's Law for a closed circuit —— 120

第八章 磁场 Magnetic Field —— 125
8.1 磁场与安培定律 Magnetic field and Ampère's Law —— 125
8.2 磁感应强度与匀强磁场 Magnetic induction and uniform magnetic field —— 130

第九章 电磁感应 Electromagnetic Induction —— 135
9.1 电磁感应定律 Law of electromagnetic induction —— 135
9.2 楞次定律 Lenz's Law —— 139

第十章 机械振动与机械波 Mechanical Oscillations and Waves —— 144
10.1 简谐运动 Simple harmonic motion —— 144
10.2 单摆 Simple pendulum —— 148
10.3 机械波 Mechanical waves —— 149

第十一章 热学 Thermology —— 158
理想气体状态方程 Equation of state of an ideal gas —— 158

第十二章 几何光学 Geometrical Optics —— 164
12.1 光的传播 Propagation of light —— 165
12.2 透镜 Lens —— 171

* **第十三章 刚体定轴转动** Rotation of a Rigid Body about a Fixed Axis ·········· 177

* **第十四章 光的本性** The Nature of Light ·········· 186

  14.1 光的干涉与衍射 Interference and diffraction of light ·········· 186

  14.2 光电效应与光子 Photoelectric effect and photon ·········· 190

* **第十五章 分子动理论** Theory of Molecular Motion ·········· 193

  15.1 分子热运动 Molecular thermal motion ·········· 193

  15.2 分子势能 Molecular potential energy ·········· 197

  15.3 内能 Internal energy ·········· 200

附录一 专业词汇表 Glossaries ·········· 205

  1. 汉—英专业词汇表 Chinese-English glossary ·········· 205

  2. 英—汉专业词汇表 English-Chinese glossary ·········· 226

附录二 常用表达 Common Expressions ·········· 248

附录三 常用物理单位表 Common Physical Units ·········· 254

第一章 力 Force
本章常用符号
Symbols commonly used in physics

中文 Chinese	英文 English	国际通用符号 International symbol
力	force	F
重力	gravity	G
摩擦系数	coefficient of friction	μ
正压力	normal force	f_N
张力	tension	T
劲度系数	coefficient of stiffness	k
引力常量	gravitational constant	G

1.1 力的基本概念 Basic concepts in mechanics

● 基础知识 Rudimentary knowledge

lì shì wù tǐ yǔ wù tǐ zhī jiān de xiāng hù zuò yòng
力是物体与物体之间的相互作用。

● 重要提示 Important note

yí gè wù tǐ shòu dào lì de zuò yòng yí dìng yǒu lìng wài de
一个物体受到力的作用，一定有另外的

一个物体施加力的作用,前者是受力物体,后者是施力物体。力是不可以脱离物体而存在的。

1.2 力的三要素及其矢量性 A force's three factors and its vector property

● 基础知识 Rudimentary knowledge

力的三要素:力的大小、力的方向和力的作用点。

既有大小又有方向的物理量,是矢量;
只有大小没有方向的物理量,是标量。

● 重要提示 Important note

①力是一个物理量,它有大小和单位。在国际单位制中,力的单位是牛顿,简称牛,用符号N表示。力的大小是可以测量的。

②力是有方向的,力的方向不同,力的

作用效果也不同。因此,力的方向也是力的一个要素。

③除了力的大小、力的方向以外,力的第三个要素是力的作用点。力的作用点同样影响力的作用效果。

④力是有大小和方向的物理量,所以力是一个矢量,用符号$\vec{F}$来表示。

1.3 常见的几种力 Common forces

1.3.1 重力 Gravity

● 基础知识 Rudimentary knowledge

由于地球对物体的吸引而使物体受到的力是<u>重力</u>。重力用符号G表示。

$$G = mg$$

其中,m为物体的质量,g为重力加速度。在地球的不同位置,g的值不同:赤道g值最小，而两极g值最大。在同一位置，离地面越高，g值越小。g一般取 9.8 N/kg。

● 重要提示 Important note

① 重力的方向是竖直向下的，即与水平面相垂直，不同于垂直方向。

② 重心是重力的作用点。从效果上看，可以认为物体各部分受到的重力作用集中于一点，这一点就叫物体的重心。

③ 为不影响研究的结果，使问题简化，有时把物体的全部质量压缩成一点，这是物理学的一种等效代替的思想。

1.3.2 弹力 Elastic forces

发生形变的物体，由于要恢复原状，对跟它接触的物体会产生力的作用，这个

第一章 力 Force

力是<u>弹力</u>。弹力有三种：<u>支持力</u>、<u>拉力</u>、<u>弹簧</u>的弹力。

1.3.2.1 支持力 Supporting force

● 基础知识 Rudimentary knowledge

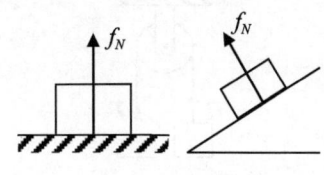

图 1-1 支持力

支持物因发生形变而对接触的物体产生的弹力是支持力。

● 重要提示 Important note

支持力 f_N 的方向总是垂直于支持面并指向被支持的物体，也<u>称</u>为正压力。

1.3.2.2 拉力 Tensile force

● 基础知识 Rudimentary knowledge

用绳拉物体时，由于绳的形变而产生的弹性作用力称为拉力，也称为张力。

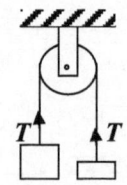

图1-2 拉力

1.3.2.3 弹簧的弹力 Spring force

● 基础知识 Rudimentary knowledge

当弹簧被拉伸或压缩时，它就会对连结体有弹力的作用，其方向总是指向要使弹簧恢复原长的方向。

● 重要提示 Important note

弹簧弹力遵守胡克定律，即在弹性限

度内，弹簧弹力的大小f和弹簧的形变量x成正比：

$$f = -kx$$

其中，k为弹簧的劲度系数，取决于弹簧的材料结构。负号表示弹力方向与位移方向相反，总是指向要恢复原长的方向。如图1-3所示。

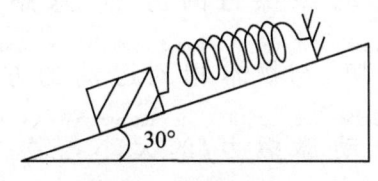

图1-3 弹簧的弹力

1.3.3 摩擦力 Frictional forces

1.3.3.1 滑动摩擦力 Sliding frictional force

● 基础知识 Rudimentary knowledge

相互接触的两物体，一个物体在另一个物体表面相对滑动时，会受到阻碍它相对滑动的力,这个力就是<u>滑动摩擦力</u>。如图1-4所示。

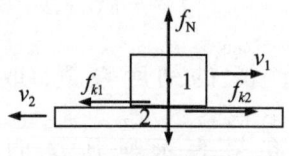

图1-4　滑动摩擦力

● 重要提示 Important note

①滑动摩擦力的方向总跟物体的接触面相切,与物体相对运动的方向相反。

②滑动摩擦力 f 的大小与物体相互之间的正压力 f_N 成正比:

$$f = \mu f_N$$

其中,μ 是比例常数,叫<u>动摩擦因数</u>,它的数值与相互接触的物体的材料及接触面的粗糙程度有关。

③除滑动摩擦力外,还有滚动摩擦力,就

第一章 力 Force

是一个物体在另一个物体表面滚动时产生的摩擦力,滚动摩擦力要比滑动摩擦力小得多。

1.3.3.2 静摩擦力 Static frictional force

● 基础知识 Rudimentary knowledge

我们用不大的水平力在水平地板上推箱子,虽然箱子有相对地板运动的趋势,但箱子并没有动,这是因为箱子跟地板之间发生了摩擦。这个摩擦力和推力都作用在箱子上,它们的大小相等,方向相反,彼此平衡,因此箱子保持不动,这个摩擦力叫作静摩擦力。

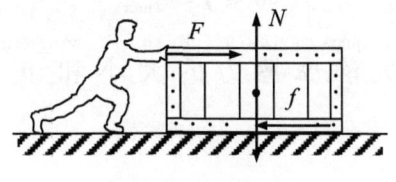

图 1-5 静摩擦力

物理一点通

● 重要提示 Important note

静摩擦力的方向总跟接触面相切,并且跟物体相对运动趋势的方向相反。逐渐增大推力,如果推力还不够大,箱子仍旧保持静止不动,所受静摩擦力跟推力仍旧平衡。可见静摩擦力随推力的增大而增大。但是静摩擦力的增大有一个限度,静摩擦力的最大值就是最大静摩擦力 f_{max}(最大静摩擦力就是物体刚开始运动时所需的最小推力)。两物体间实际发生的静摩擦力 f 在 0 和最大静摩擦力 f_{max} 之间,即

$$0 \leqslant f \leqslant f_{max}$$

最大静摩擦力的大小和正压力成正比:

$$f_{max} = \mu_s f_N$$

其中，μ_s叫静摩擦因数，它取决于接触面的性质。在实际中，最大静摩擦力略大于滑动摩擦力。

1.3.3.3 摩擦的机理 Mechanism of friction

● 基础知识 Rudimentary knowledge

摩擦力本质上是作用于相接触的两个物体表面原子间的许多作用力的矢量和。从微观上看，表面是凹凸不平、相互交错的，原子间能够达到原子尺度距离的点之间才可能有电磁引力，这与材料结构和表面的状态有关。

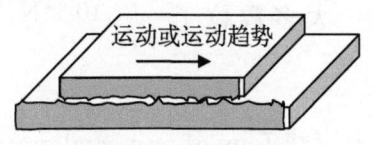

图1-6　摩擦的机理

1.4 基本力 Fundamental forces

● 基础知识 Rudimentary knowledge

近代科学已证明,自然界中只存在四种基本力,即引力、电磁力、强力、弱力。其他力都是这四种基本力的不同表现。

表1-1 四种基本力的特征

力的种类	相互作用的物体	力的强度	力程
引力	一切质点	10^{-34} N	无限远
电磁力	电荷	10^{2} N	无限远
强力	核子、分子等	10^{4} N	10^{-15} m
弱力	大多数粒子	10^{-12} N	小于10^{-15} m

1.5 万有引力定律 Law of universal gravitation

$$f = G\frac{Mm}{r^2}$$

第一章 力 Force

其中，G是引力常量，一般情况下，G取$6.67\times10^{-11}\,\text{N}\cdot\text{m}^2/\text{kg}^2$，$M$、$m$为物体质量，$r$为两物体的距离。

常用表达
Common expressions

……是……

A is *B*

力是物体与物体之间的相互作用。

既……又……

both ... and ... / ... as well as ...

既有大小又有方向的物理量,是矢量。

……与(跟)……成正比

A is directly proportional to *B*

滑动摩擦力f的大小与物体相互之间的正压力f_N成正比。

……叫作(就是/称为)……

...be called ...

这个摩擦力和推力都作用在箱子上,它们的大小相等,方向相反,彼此平衡,因此箱子保持不动,这个摩擦力叫作静摩擦力。

第一章 力 Force

词汇
Vocabulary

中文 Chinese	拼音 Pinyin	英文 English
矢量	shǐliàng	vector
重力	zhònglì	gravity
水平面	shuǐpíngmiàn	horizontal plane
垂直方向	chuízhí fāngxiàng	perpendicular direction
重心	zhòngxīn	center of gravity
形变	xíngbiàn	deformation
恢复	huīfù	recover
原状	yuánzhuàng	original state
接触	jiēchù	contact
弹力	tánlì	elastic force
支持力	zhīchílì	supporting force
拉力 / 张力	lālì/zhānglì	tensile force
弹簧	tánhuáng	spring
胡克定律	Húkè Dìnglǜ	Hooke's Law
弹性限度	tánxìng xiàndù	elastic limit
劲度系数	jìndù xìshù	coefficient of stiffness
滑动摩擦力	huádòng mócālì	sliding frictional force

（续表）

中文 Chinese	拼音 Pinyin	英文 English
动摩擦因数	dòngmócā yīnshù	coefficient of dynamic friction
粗糙	cūcāo	rough
滚动摩擦力	gǔndòng mócālì	rolling frictional force
静摩擦力	jìngmócālì	static frictional force
微观	wēiguān	microscopic
基本力	jīběnlì	fundamental force
电磁力	diàncílì	electromagnetic force
强力	qiánglì	strong nuclear force
弱力	ruòlì	weak nuclear force
分子	fēnzǐ	molecule
粒子	lìzǐ	particle
引力常量	yǐnlì chángliàng	gravitational constant

第二章 质点运动学
Particle Kinematics

本章常用符号

Symbols commonly used in physics

中文 Chinese	英文 English	国际通用符号 International symbol
位置矢量	position vector	$\vec{r}$
单位矢量	unit vector	$\hat{i}、\hat{j}、\hat{k}$
位移矢量	displacement vector	$\Delta\vec{r}$
瞬时速度矢量	instantaneous velocity vector	$\vec{v}$
加速度矢量	acceleration vector	$\vec{a}$
重力加速度	acceleration of gravity	g
角速度	angular velocity	ω
周期	period	T
频率	frequency	f

2.1 质点 Particle

● 基础知识 Rudimentary knowledge

2.1.1 运动学 Kinematics

力学中描述物体运动的内容叫作<u>运动学</u>。

2.1.2 理想模型 Ideal model

一般来说,实际物体的结构比较复杂,为了从简单的研究开始,我们需要引进一些仅突出主要问题的模型,即<u>理想模型</u>。例如:<u>质点</u>、刚体、理想气体。

2.1.3 质点 Particle

质点是一种以具有一定质量的点来代表物体的理想模型。

第二章 质点运动学 Particle Kinematics

2.2 参考系与坐标系 Reference frame and coordinate system

● 基础知识 Rudimentary knowledge

2.2.1 参考系 Reference frame

物体的位置总是相对其他物体或物体系来确定的,这个其他物体或物体系就叫作参考系。

2.2.2 坐标系 Coordinate system

为了定量地说明质点的位置,就要在参考系上建立固定的坐标,这就是坐标系。例如图2-1所示的直角坐标系 o-xyz,其中,$\hat{i}$、$\hat{j}$、$\hat{k}$ 分别为沿 x、y、z 轴的单位矢量。

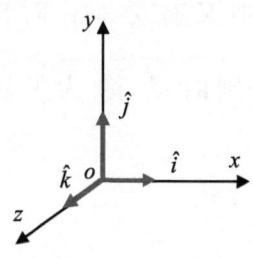

图2-1 直角坐标系

2.2.3 惯性系 Inertial frame

适用于牛顿运动定律的参考系叫作惯性系。例如：地面参考系或者相对地面静止或匀速直线运动的物体都是惯性系。

2.2.4 非惯性系 Non-inertial frame

不适用于牛顿运动定律的参考系叫作非惯性系。例如：相对地面加速上升的电梯是非惯性系。

2.3 匀速直线运动 Uniform rectilinear motion

● 基础知识 Rudimentary knowledge

2.3.1 矢量 Vector

既有大小又有方向，而且叠加服从平行四边形法则的量称为矢量。

第二章 质点运动学 Particle Kinematics

2.3.2 位置矢量 Position vector

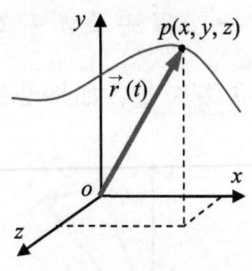

图 2-2　位置矢量

为了表示质点在时刻 t 的位置在 p 点，我们从 o 点向 p 点引一条有向线段 $\vec{op}$，并记作矢量 $\vec{r}(t)$，则 $\vec{r}(t)$ 就被称为<u>位置矢量</u>：

$$\vec{r} = \vec{r}(t) = x(t)\hat{i} + y(t)\hat{j} + z(t)\hat{k}$$

由于它可以确定任意质点的位置，所以也叫质点的运动方程。

2.3.3 位移矢量 Displacement vector

位移是描述质点位置变化的物理量，设质点从初位置 A 移动到末位置 B，从 A 到 B

的有向线段 $\vec{AB}$ 表示为：

$$\Delta \vec{r} = \Delta x \hat{i} + \Delta y \hat{j} + \Delta z \hat{k}$$

$\Delta \vec{r}$ 被称为<u>位移矢量</u>，如图2-3所示。

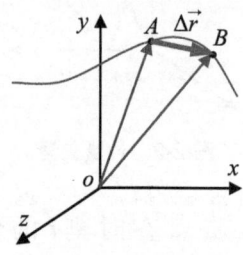

图2-3 位移矢量

中学物理中常用 s 或 Δs 表示位移。

2.3.4 速度矢量 Velocity vector

2.3.4.1 平均速度矢量 Average velocity vector

<u>位移 $\Delta \vec{r}$ 和发生这段位移所经历的时间间隔 Δt 的比叫作</u>质点在这段时间内的<u>平均速度矢量</u>，以 $\vec{v}$ 表示：

$$\vec{v} = \frac{\Delta \vec{r}}{\Delta t}$$

平均速度也是矢量，方向<u>与位移方向相同</u>，参考图2-3。

2.3.4.2 瞬时速度矢量 Instantaneous velocity vector

✪ 当平均速度的时间间隔Δt趋于0时的极限，也就是位置矢量对时间的<u>变化率</u>（或对时间的一阶<u>导数</u>）叫作质点在t时刻的瞬时速度矢量，简称速度，用$\vec{v}$表示：

$$\vec{v} = \lim_{t \to 0} \frac{\Delta \vec{r}}{\Delta t} = \frac{\mathrm{d}\vec{r}}{\mathrm{d}t}$$

速度的方向沿该时刻质点所处运动轨道的切线，指向前进的方向，如图2-4所示。在国际单位制中，速度的单位为米每秒，用符号m/s表示。

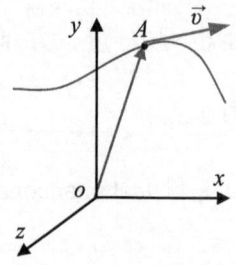

图 2-4 速度矢量

这种导数形式在大学物理中才学到,在高中物理中仅给出极限形式定义。

● 相关知识 Relevant knowledge

① 平行四边形法则 The parallelogram rule

这是矢量相加的法则,若有3个力矢量 $\vec{F}_1$、$\vec{F}_2$、$\vec{F}_3$ 相加求和,如图2-5所示,以 $\vec{F}_1$、$\vec{F}_2$ 为平行四边形的两个边,求得的矢量再与 $\vec{F}_3$ 用相同方法所得的矢量就是合力 $\vec{F}_合$。

第二章 质点运动学 Particle Kinematics

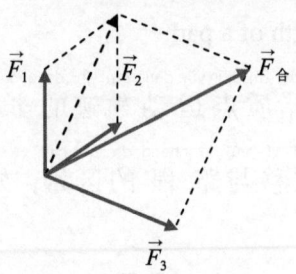

图 2-5 平行四边形法则

也可以用<u>多边形法则</u>，如图2-6所示，平移相加矢量并首尾相接，再从第一个矢量的尾连向最后一个矢量的首，所得的矢量就是合力$\vec{F}_合$。

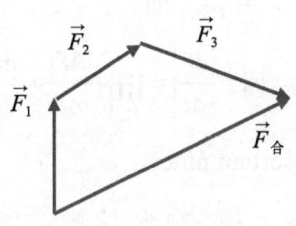

图 2-6 多边形法则

②标量 Scalar quantity

只有大小没有方向的量，叫作标量。

③路程 Length of a path

路程指质点运动轨迹的长度,是标量。

注意位移与路程的区别,如图2-7所示。

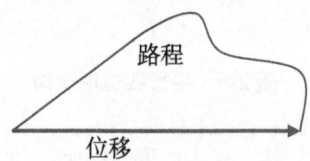

图2-7 位移与路程的区别

④速率 Speed

速度的大小(模)称为速率,只表示运动的快慢,用 v 表示,即

$$v = |\vec{v}| = \left|\frac{d\vec{r}}{dt}\right| = \lim_{t \to 0} \frac{|\Delta \vec{r}|}{\Delta t} \neq \frac{dr}{dt}$$

● 重要提示 Important note

①矢量和标量的区别:标量是只有大小,可以有正、负,而没有方向的物理量,例如功、能、质量等,只要单位统一,就

第二章 质点运动学 Particle Kinematics

可以数量直接相加；矢量则不同，例如力、位移、速度、加速度，不同方向的矢量不可以数量直接相加，必须用平行四边形法则或多边形法则计算。

②位置矢量的模（大小）为：

$$|\vec{r}| = \sqrt{x^2+y^2+z^2}$$

③位移矢量公式中，Δx、Δy、Δz为直角坐标系下位移的三个分量的大小，位移的模为：

$$|\Delta \vec{r}| = \sqrt{(\Delta x)^2+(\Delta y)^2+(\Delta z)^2}$$

当质点做一维运动时，运动只有正、负两个方向，位移可用Δx表示，求矢量和的运算可简化为求代数和。

④平均速度仅仅是概括地描述运动的状态，只有瞬时速度矢量才能准确地描述质点在某一时刻或某一点运动的快慢与

方向。

⑤在直角坐标系中,速度常用三个分量来表示:

$$\vec{v} = \frac{\mathrm{d}x}{\mathrm{d}t}\hat{i} + \frac{\mathrm{d}y}{\mathrm{d}t}\hat{j} + \frac{\mathrm{d}y}{\mathrm{d}t}\hat{k} = \vec{v}_x + \vec{v}_y + \vec{v}_z$$

这种形式很便于分别化为沿三个坐标轴的代数运算。

2.4 匀加速直线运动 Uniformly accelerated rectilinear motion

● 基础知识 Rudimentary knowledge

2.4.1 加速度矢量 Acceleration vector

2.4.1.1 平均加速度矢量 Average acceleration vector

当质点从 p_1 点运动到 p_2 点时,速度的变化量为 $\Delta \vec{v}$,这个变化量与所用时间间隔 Δt 的比叫作平均加速度矢量,即

$$\vec{a} = \frac{\Delta \vec{v}}{\Delta t}$$

方向沿速度的变化量 $\Delta \vec{v}$ 的方向,如图 2-8 所示。

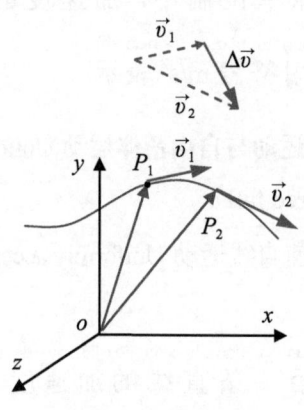

图 2-8 加速度矢量

2.4.1.2 瞬时加速度矢量 Instantaneous acceleration vector

★当平均加速度中的时间间隔 Δt 趋于 0 时,平均加速度的极限,即速度对时间的变化率(或速度对时间的一阶导数,或位置矢量对时间的二阶导数)叫作<u>瞬时加速度矢量</u>,简称加速度,用 $\vec{a}$ 表示,即

$$\vec{a} = \lim_{\Delta t \to 0} \frac{\Delta \vec{v}}{\Delta t} = \frac{\mathrm{d}\vec{v}}{\mathrm{d}t} = \frac{\mathrm{d}^2 \vec{r}}{\mathrm{d}t^2}$$

在国际单位制中，加速度的单位是米每平方秒，用符号 m/s² 表示。

2.4.2 匀加速运动与自由落体运动 Uniformly accelerated motion and free fall

2.4.2.1 匀加速直线运动 Uniformly accelerated rectilinear motion

质点沿一条直线的加速度恒定不变的运动叫作匀加速直线运动。用公式表示为：

$$\begin{cases} v = v_0 + at \\ x = v_0 t + \dfrac{1}{2} a t^2 \\ v^2 - v_0^2 = 2ax \end{cases}$$

该方程组称为匀加速直线运动公式，设初始位置 $x_0 = 0$，v_0 为初速度，t 时刻的位移为 x，速度为 v，恒定的加速度为 a。

第二章 质点运动学 Particle Kinematics

● **相关知识 Relevant knowledge**

重力加速度 Acceleration of gravity

在地球上,物体自由下落时的加速度叫作重力加速度,用符号 g 表示,由于不同的位置离地心距离不同,数值有所不同,地面附近的 g 值大约是 9.81 m/s^2。

● **重要提示 Important note**

✪ ①在直角坐标系中,加速度常用三个分量来表示:

$$\vec{a} = \frac{\mathrm{d}v_x}{\mathrm{d}t}\hat{i} + \frac{\mathrm{d}v_y}{\mathrm{d}t}j + \frac{\mathrm{d}v_z}{\mathrm{d}t}\hat{k} = \frac{\mathrm{d}^2 x}{\mathrm{d}t^2}i + \frac{\mathrm{d}^2 y}{\mathrm{d}t^2}j + \frac{\mathrm{d}^2 z}{\mathrm{d}t^2}k = \vec{a}_x + \vec{a}_y + \vec{a}_z$$

②加速度的大小:

$$a = |\vec{a}| = \sqrt{a^2_x + a^2_y + a^2_z}$$

加速度的方向是平均加速度的极限方向,可以证明它总指向曲线的凹面,如图

31

2-9所示。

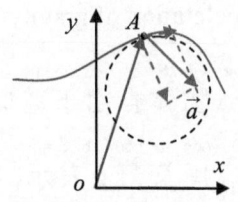

图2-9 速度矢量

③加速度是描述速度变化的物理量,无论是速度大小发生变化,还是方向发生变化,都有加速度。

④匀加速直线运动公式的方程组中前两个是独立的,第三个可以用前两个方程推出,所以在求解过程中只能同时列其中任意的两个方程。

⑤在地球上的竖直上抛运动(包括自由落体运动、下抛运动)是匀加速直线运动的实例。设坐标轴oy竖直向下为正,

第二章 质点运动学 Particle Kinematics

方程变为：

$$\begin{cases} v = v_0 + gt \\ y = v_0 t + \dfrac{1}{2} gt^2 \\ v^2 - v_0^2 = 2gy \end{cases}$$

当 $v_0 < 0$ 时是上抛运动，当 $v_0 = 0$ 时是自由落体运动，当 $v_0 > 0$ 时是下抛运动。

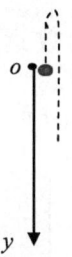

图 2-10　竖直上抛运动

2.5 匀速圆周运动 Uniform circular motion

● 基础知识 Rudimentary knowledge

2.5.1 运动的合成与分解 Composition and resolution of motion

质点在空间中的运动是复杂的，描述

运动的许多物理量是矢量,其运算很麻烦。将运动化为等价的几个方向的分运动叫作运动的分解。例如,在直角坐标系中可化为沿 x、y、z 三个方向的分运动,速度 $\vec{v}$(或位移、加速度)可化为三个分量 $v\cos\alpha = v_x$, $v\cos\beta = v_y$, $v\cos\gamma = v_z$ 处理,称为速度的分解,可化为一般代数运算;其逆过程,三个分量求矢量和 $\vec{v}_x + \vec{v}_y + \vec{v}_z = \vec{v}$,称为速度的合成。

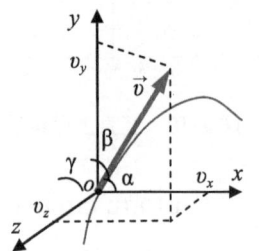

图 2-11 速度的合成与分解

2.5.2 抛射体运动 Projectile motion

从地面上某点向空中抛出一物体,

第二章 质点运动学 Particle Kinematics

在空中的运动就叫作<u>抛射体运动</u>。如果忽略风速和空气阻力，该运动是被限制在<u>竖直平面内</u>、加速度为 g 的二维运动。可将运动分解为沿水平和沿竖直两个方向的一维运动来描述。

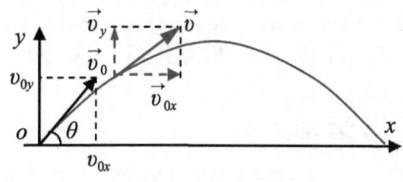

图 2-12 抛射体运动

水平 x 方向叫作以 $v_x = v_0\cos\theta$ 为分速度的匀速直线运动；竖直 y 方向叫作以 $v_{0y} = v_0\sin\theta$ 为初速度，以 g 为加速度的匀加速直线运动（上抛运动），竖直 y 方向分速度为：

$$v_y = v_0\sin\theta - gt$$

水平位置

$$x = -v_0\cos\theta t$$

shù zhí wèi zhì
竖直位置

$$y = v_0\sin\theta t - \frac{1}{2}gt^2$$

yī cǐ hái kě yǐ jì suàn chū gāo dù jù lí shí jiān hé guǐ dào děng
依此还可以计算出高度、距离、时间和轨道等。

2.5.3 匀速圆周运动 Uniform circular motion

zhì diǎn yán yuán zhōu yùn dòng rú guǒ zài xiāng děng de shí jiān
质点沿圆周运动，如果在相等的时间
li tōng guò de yuán hú cháng dù xiāng tóng zhè zhǒng yùn dòng jiù jiào
里通过的圆弧长度相同，这种运动就叫
yún sù yuán zhōu yùn dòng
匀速圆周运动。

rú tú suǒ shì yún sù yuán zhōu yùn dòng jǐn shì sù dù
如图2-13所示，匀速圆周运动仅是速度
de dà xiǎo bú biàn jí ér sù dù de fāng xiàng
的大小不变，即 $v_1 = v_2 = v_3 = v$，而速度的方向
zài bú duàn de biàn huà suǒ yǐ shì biàn jiā sù yùn dòng sù dù de fāng
在不断地变化，所以是变加速运动，速度的方
xiàng yán gè diǎn de qiē xiàn fāng xiàng chēng wéi qiē xiàng qiē xiàng dān
向沿各点的切线方向，称为切向，切向单
wèi shǐ liàng wéi gè diǎn de jiā sù dù de dà xiǎo xiāng tóng jí
位矢量为 $\hat{t}$；各点的加速度的大小相同，即
jiā sù dù de fāng xiàng yán gè diǎn
$a_1 = a_2 = a_3 = a = v^2/r = \omega^2 r$。加速度的方向沿各点
de bàn jìng zhǐ xiàng yuán xīn suǒ yǐ jiào zuò xiàng xīn jiā sù dù
的半径指向圆心，所以叫作向心加速度，

该方向称为法向,法向的单位矢量为 $\hat{n}$。

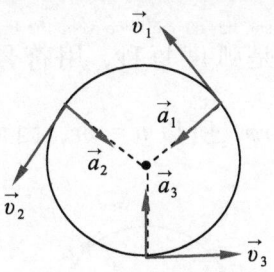

图 2-13　匀速圆周运动

● 相关知识 Relevant knowledge

① 线速度与角速度 Linear velocity and angular velocity

在描述圆周运动等曲线运动时,为区别角速度,常把速率称为线速度,用 s 表示弧长,线速度可表示为:

$$v = \frac{s}{t}$$

若圆周运动的半径为 r,转过的弧长对应的圆心角为 φ,则角速度 ω 为:

$$\omega = \frac{\varphi}{t}$$

其单位是弧度每秒,用符号 rad/s 表示。几何上有 $s = r\varphi$,所以 $v = \omega r$,因而 $a = v^2/r = \omega^2 r$。

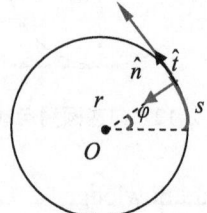

图 2-14 线速度与角速度

②周期与频率 Period and frequency

物体做匀速圆周运动一周所用的时间称为周期,即

$$T = \frac{2\pi}{\omega} = \frac{2\pi r}{v}$$

单位时间转过的圈数称为频率,即

$$f = \frac{1}{T} = \frac{\omega}{2\pi} = \frac{v}{2\pi r}$$

第二章 质点运动学 Particle Kinematics

● 应用举例 Application example

【例1】一个棒球被击到场外,在它飞行过程中(忽略空气阻力影响),速度的水平分量与竖直分量分别会怎样?另外,在球上升、下落及飞行到最高点时,加速度的水平分量与竖直分量各为多少?

解:(1)速度的水平分量 v_x 保持不变。

(2)速度的竖直分量

$$v_y = v_{0y} - gt$$

开始大于 0,后来等于 0,最后小于 0。

(3)加速度的水平分量在整个过程 $a_x = 0$。

(4)加速度的竖直分量在整个过程 $a_y = g$。

【例2】在 xoy 平面上,一物体以匀速率沿以原点为圆心的圆形路径运动,在 $x = -2$ m 处,它的速度为 $\vec{v} = -(4 \text{ m/s})\vec{j}$。求出物体在 $y = 2$ m 处的速度和加速度。

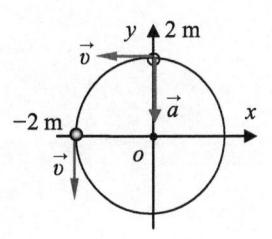

解:根据题意画出草图,判断出该物体是做半径 $r = 2$ m 的逆时针匀速圆周运动,速率不变,所

以物体在 $y = 2$ m 处的速度为：

$$\vec{v} = -4 \text{ m/s}\, \vec{j}$$

加速度的大小为：

$$a = \frac{v^2}{r} = 4^2 \div 2 = 8 \text{ m/s}^2$$

方向沿法向，即 $-\vec{j}$ 方向，所以加速度矢量为：

$$\vec{a} = -(8 \text{ m/s}^2)\vec{j}$$

第二章 质点运动学 Particle Kinematics

常用表达
Common expressions

……与（跟/和）……相同
A is in accordance with B

平均速度也是矢量，方向与位移方向相同。

……与（跟/和）……的比叫作……
The ratio of A and B is called …

位移 $\Delta \vec{r}$ 和发生这段位移所经历的时间间隔 Δt 的比叫作质点在这段时间内的平均速度。

若……则……
if…then…

若圆周运动的半径为 r，转过的弧长对应的圆心角为 φ，则角速度 ω 为：$\omega = \varphi/t$

词汇
Vocabulary

中文 Chinese	拼音 Pinyin	英文 English
运动学	yùndòngxué	kinematics
理想模型	lǐxiǎng móxíng	ideal model
质点	zhìdiǎn	particle
参考系	cānkǎoxì	reference frame
坐标系	zuòbiāoxì	coordinate system
直角坐标系	zhíjiǎo zuòbiāoxì	rectangular coordinate system
惯性系	guànxìngxì	inertial frame
非惯性系	fēiguànxìngxì	non-inertial frame
平行四边形法则	píngxíng sìbiānxíng fǎzé	parallelogram rule
位置矢量	wèizhì shǐliàng	position vector
位移矢量	wèiyí shǐliàng	displacement vector
平均速度矢量	píngjūn sùdù shǐliàng	average velocity vector
极限	jíxiàn	limit
变化率	biànhuàlù	change rate
导数	dǎoshù	derivative
瞬时速度矢量	shùnshí sùdù shǐliàng	instantaneous velocity vector

第二章 质点运动学 Particle Kinematics

（续表）

中文 Chinese	拼音 Pinyin	英文 English
多边形法则	duōbiānxíng fǎzé	polygon law
路程	lùchéng	path
正 / 负	zhèng/fù	positive/negative
平均加速度矢量	píngjūn jiāsùdù shǐliàng	average acceleration vector
瞬时加速度矢量	shùnshí jiāsùdù shǐliàng	instantaneous acceleration vector
恒定	héngdìng	constant
匀加速直线运动	yúnjiāsù zhíxiàn yùndòng	uniformly accelerated rectilinear motion
抛射体运动	pāoshètǐ yùndòng	projectile motion
匀速圆周运动	yúnsù yuánzhōu yùndòng	uniform circular motion
切向	qiēxiàng	tangential
法向	fǎxiàng	normal
角速度	jiǎosùdù	angular velocity
线速度	xiànsùdù	linear velocity
周期	zhōuqī	period
频率	pínlǜ	frequency

第三章 牛顿定律
Newton's Laws

本章常用符号

Symbols commonly used in physics

中文 Chinese	英文 English	国际通用符号 International symbol
质量	mass	m
瞬时速度矢量	instantaneous velocity vector	$\vec{v}$
加速度矢量	acceleration vector	$\vec{a}$
法向加速度	normal acceleration	$\vec{a}_n$
切向加速度	tangential acceleration	$\vec{a}_t$
角速度	angular velocity	ω

3.1 牛顿定律 Newton's Laws

● 基础知识 Rudimentary knowledge

3.1.1 牛顿第一定律 Newton's First Law

yí qiè wù tǐ zǒng bǎo chí yún sù yùn dòng zhuàng tài huò jìng zhǐ
一切物体总保持匀速运动状态或静止

第三章 牛顿定律 Newton's Laws

状态,直到外力迫使它改变这种状态为止。

如果没有外力作用在物体上,则该物体的速度就不会改变。也就是说,如果物体是静止的,它就保持静止;如果正在运动,它将以相同的速度(相同的大小和方向)继续运动。

3.1.2 牛顿第二定律 Newton's Second Law

物体的加速度跟作用力成正比,跟物体的质量成反比,且加速度的方向与引起这个加速度的力的方向相同,即

$$\vec{a} = \frac{\vec{F}_合}{m}$$

在国际单位制中,使质量为1 kg的物体产生1 m/s²的加速度的力为1 N,即1 N=1 kg·m/s²

✪在大学物理中,考虑到相对论效应,

运动速度接近光速时,该定律应为:

$$\vec{F}_{合} = \frac{\mathrm{d}(m\vec{v})}{\mathrm{d}t} = \frac{\mathrm{d}m}{\mathrm{d}t}\vec{v} + m\frac{\mathrm{d}\vec{v}}{\mathrm{d}t}$$

加速度与力的方向不一定相同。

3.1.3 牛顿第三定律 Newton's Third Law

两个物体之间的作用力和反作用力总是大小相等,方向相反,作用在同一条直线上,即

$$\vec{F} = -\vec{F}'$$

3.2 对牛顿定律的理解 Understanding of Newton's Laws

● 基础知识 Rudimentary knowledge

3.2.1 惯性 Inertia

牛顿第一定律所给出的物体的这种保持原来的匀速直线运动或静止状态的性质叫惯性,所以牛顿第一定律又叫惯性定律。

3.2.2 质量 Mass

质量是物体惯性大小的量度。这样定义的质量称为惯性质量，即

$$m = \frac{F}{a}$$

国际单位制中质量的单位是千克，用符号kg表示。用万有引力定义质量称为引力质量，即 $m = G/g$，单位也是kg。

重要提示 Important note

①对牛顿第一定律的理解 Understanding of Newton's First Law

速度是描述物体运动状态的物理量，也叫状态量。如果一个物体的速度的大小和方向保持不变，我们就说，这个物体的运动状态保持不变。物体的这种性质是惯

性，保持物体运动状态的原因是惯性，而不是力。

现实中没有物体不受力的情况；但物体受力平衡，或者说合力为0时的情况跟不受力的效果是相同的。

力是改变物体运动状态的原因，力是物体产生加速度的原因。

②对牛顿第二定律的理解 Understanding of Newton's Second Law

如果一个物体的速度发生了变化（大小或方向或大小和方向同时发生了变化），即运动状态发生了变化。速度对时间的变化率是加速度。力与加速度的定量关系确切表达了力与物体运动状态变化间的关系，这是根据牛顿第二定律得出的。

第三章 牛顿定律 Newton's Laws

只有物体受到力的作用,物体才具有加速度。力恒定不变,加速度也恒定不变;力随着时间改变,加速度也随着时间改变;力的作用停止,则加速度也随即消失。

牛顿第二定律中的$\vec{F}_合$应理解为物体所受到的所有力的矢量和。在运用牛顿第二定律时,很多情况下是采用分量式,即

$$F_x = ma_x,\ F_y = ma_y,\ F_z = ma_z$$

在一个坐标轴上就可简化为代数式,力和加速度都投影到这个坐标轴方向上,只有正、负,因此不必写矢量符号了。

★我们还可以把$\vec{mv}$看作描述运动的状态量,$\vec{p} = m\vec{v}$称为动量。动量对时间的变化率为:

$$\frac{d\vec{p}}{dt} = \frac{d(m\vec{v})}{dt} = \frac{dm}{dt}\vec{v} + m\frac{d\vec{v}}{dt} = \vec{F}$$

这样理解力与运动状态变化的关系,即物体所受的合力等于动量对时间的变化率。

✪大学物理给出的牛顿第二定律的形式概括了高中给出的形式,也就是后者只是低速的情况,质量 m 是常量,$dm/dt = 0$ 而已,但当物体速度接近光速时,$dm/dt \neq 0$,只有上式才是正确的。

③对牛顿第三定律的理解 Understanding of Newton's Third Law

作用力和反作用力是一对相互作用力,作用在两个物体上,不能抵消。只有在这两个物体属于同一个系统时,即看成一对内力,才能抵消,合力为 0。

④牛顿第二定律在圆周运动中的应用 Newton's Second Law applied in circular motion

A. 匀速圆周运动

速度的大小是不变的,但方向是不断变化的,沿着圆的切线方向($\hat{t}$),所以是加速运动。

加速度的大小 $a_n = v^2/r = \omega^2 r$ 是不变的,方向是沿半径指向圆心的,称为向心加速度,也叫法向加速度,它描述速度变化的方向。

应用牛顿第二定律:

$$\vec{F}_n = m\vec{a}_n = m\frac{v^2}{r}\hat{n}$$

其中,$\vec{F}_n$(法向力)指向圆心,称为向心力。

B. 变速圆周运动

线速度不仅方向不断变化,而且大小也在变化的圆周运动叫变速圆周运动。

加速度可以分为法向加速度 $\vec{a}_n$ 和切向加速度 $\vec{a}_t$ 两个分量：

$$\vec{a} = a_n\hat{n} + a_t\hat{t} = \frac{v^2}{r}n + \frac{\mathrm{d}v}{\mathrm{d}t}t$$

法向加速度 $\vec{a}_n$ 描述速度方向的变化，切向加速度 $\vec{a}_t$ 描述速度大小的变化。

3.3 牛顿定律应用 Applying Newton's Laws

通过阅读题目理解题意，一般可以按下述思路去分析：

①确定研究对象

从题目中选出一个或几个物体（当成质点）作为分析对象。

②了解运动状态

找出运动轨迹、速度、加速度及其联系。

③分析受力

找出研究对象的所有受力,并画出受力图。

④列方程

研究该问题中的物体运动与受力关系适合运用牛顿第二定律时,即列出牛顿第二定律的方程及其他有关的辅助方程(如运动公式、摩擦力公式、胡克定律等)。

在分析受力和列方程中应选择适合的坐标系画出。一般来说,按坐标轴列出分量式方程较为方便。注意方程数应等于未知量数。

⑤解方程

解方程时尽量先不要代入数值,运算化简后再代入数值,最后解出未知量。

应用举例 Application example

【例1】如图所示,质量为 3.3 kg 的滑块 A,在光滑平面上自由移动,A 与质量为 2.1 kg 的重物 B 用绳绕过轻滑轮连接,重物 B 拉着滑块 A 向右加速下落。求:(g 取 9.8m/s^2)

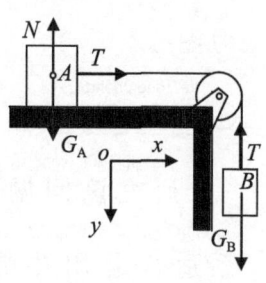

(1)滑块 A 的加速度;

(2)重物 B 的加速度;

(3)绳中张力。

解:按解题思路分析该例题

①确定研究对象:滑块 A 与重物 B 为研究对象,绳与滑轮质量忽略不计。

②了解运动状态:滑块 A 做水平匀加速直线运动,重物 B 做竖直匀加速直线运动。

③分析受力:

A 重力 G_A、支持力 N、张力 T_A;

B 重力 G_B、张力 T_B,平面光滑忽略摩擦力。

④ 列方程：设坐标系 xoy，A 沿 x 方向 $T_A = m_A a_A$（必要时可对结果进行说明或讨论）；B 沿 y 方向 $G_B - T_B = m_B a_B$

∵ A、B 用绳连接

∴ $a_A = a_B$；$T_A = T_B$；$G_B = mg$

方程变为

$$\begin{cases} T = m_A a \\ m_B g - T = m_B a \end{cases}$$

⑤ 解方程

$$a_A = a_B = a = \frac{m_B g}{m_A + m_B} = \frac{2.1 \times 9.8}{3.3 + 2.1} = 3.8 \text{ m/s}^2$$

$$T_A = T_B = T = \frac{m_A m_B g}{m_A + m_B} = \frac{3.3 \times 2.1 \times 9.8}{3.3 + 2.1} = 13 \text{ N}$$

【例2】一个静止在水平面上的物体，质量是 2 kg，在水平方向受到 5 N 的拉力，物体跟水平面的滑动摩擦力是 2 N。求：

（1）物体在 4 s 末的速度；

（2）若在 4 s 末撤去拉力，物体滑行时间。

解：研究对象为物体。已知受力，可得物体所受合外力。根据牛顿第二定律可求出物体的加速度,再依据初始条件（chū shǐ tiáo jiàn）和运动学公式就可解出前一段运动的末速度。运用同样的思路也可解答后一段运动的滑行距离。

确定研究对象,分析过程（画过程图）,进行受力分析（画受力图）。如下图所示,

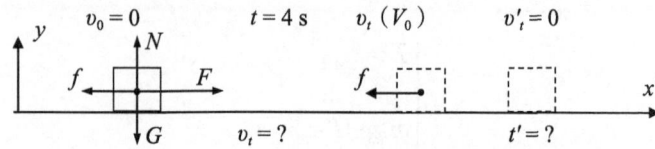

根据牛顿第二定律列方程,前 4 s 水平 x 方向

$$F - f = ma$$

辅助方程

$$v_t = at$$

竖直 y 方向

$$N - G = 0$$

$$a = \frac{F - f}{m} = \frac{5 - 2}{2} = 1.5 \text{ m/s}^2$$

$$v_t = at = 1.5 \times 4 = 6 \text{ m/s}$$

4 s 后竖直 y 方向

$$N - G = 0$$

水平 x 方向

$$-f = ma'$$

$$a' = -\frac{f}{m} = -\frac{2}{2} = -1 \text{ m/s}^2$$

$$V'_0 = V'_t = 6 \text{ m/s}$$

由

$$V'_t = V'_0 + a't'$$

得

$$t' = \frac{-V'_0}{a} = \frac{6}{1} = 6 \text{ s}$$

【例3】一辆质量为 1×10^3 kg 的小汽车正以 10 m/s 的速度行驶，现在让它在 12.5 m 的距离内匀减速地停下来，求所需的阻力(zǔ lì)。

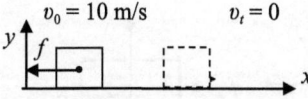

解：由运动情况和初始条件，根据运动学公式可求出加速度；再根据牛顿第二定律求出汽车受的合外力，最后由受力分析可知合外力，即阻力 f。
由匀变速直线运动公式

$$v_t^2 = v_0^2 + 2as$$

得

$$a = \frac{0 - v_0^2}{2s} = -\frac{10^2}{2 \times 12.5} = -4\,\text{m/s}^2$$

根据牛顿第二定律列方程：

竖直 y 方向

$$N - G = 0$$

水平 x 方向

$$f = ma = 1 \times 10^3 \times (-4) = -4.0 \times 10^3\,\text{N}$$

f 为负值表示力的方向跟速度方向相反。

【例4】一木箱质量为 m，与水平地面间的动摩擦因数为 μ，现用斜向右下方与水平方向成 θ 角的力 F 推木箱，求经过 t 秒时木箱的速度。

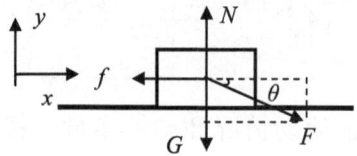

解：木箱受4个力，将力 F 沿运动方向和竖直方向进行分解：水平分力为 $F\cos\theta$，竖直分力为 $F\sin\theta$。

据牛顿第二定律列方程，竖直 y 方向

$$N - F\sin\theta - G = 0 \quad ①$$

水平 x 方向

$$F\cos\theta - f = ma \quad ②$$

摩擦力

$$f = \mu N \quad ③$$

由①式得 $N = F\sin\theta + mg$ 代入③式有 $f = \mu(F\sin\theta + mg)$ 代入②式有

$$F\cos\theta - \mu(F\sin\theta + mg) = ma$$

得

$$a = \frac{F\cos\theta - \mu(F\sin\theta + mg)}{m}$$

常用表达
Common expressions

> ……跟（与）……成反比
> *A* is inversely proportional to *B*

wù tǐ de jiā sù dù gēn wù tǐ de zhì liàng chéng fǎn bǐ
物体的加速度跟物体的质量成反比。

第三章 牛顿定律 Newton's Laws

词汇
Vocabulary

中文 Chinese	拼音 Pinyin	英文 English
作用力	zuòyònglì	applied force
反作用力	fǎn zuòyònglì	reacting force
性质	xìngzhì	character (nature)
惯性	guànxìng	inertia
量度	liángdù	measure
惯性质量	guànxìng zhìliàng	inertial mass
万有引力	wàn yǒu yǐnlì	universal gravitation
引力质量	yǐnlì zhìliàng	gravitational mass
状态量	zhuàngtàiliàng	state variable
平衡	pínghéng	balanced
确切	quèqiè	exact
关系	guānxì	relation
分量式	fēnliàngshì	component formula
投影	tóuyǐng	projection
抵消	dǐxiāo	offset
内力	nèilì	internal force
法向加速度	fǎxiàng jiāsùdù	normal acceleration

(续表)

中文 Chinese	拼音 Pinyin	英文 English
变速圆周运动	biànsù yuánzhōu yùndòng	non-uniform circular motion
切向加速度	qiēxiàng jiāsùdù	tangential acceleration
研究对象	yánjiū duìxiàng	study object
列方程	liè fāngchéng	set an equation
滑轮	huálún	pulley
忽略不计	hūlüè bújì	ignore
初始条件	chūshǐ tiáojiàn	initial condition
阻力	zǔlì	resistance

第四章 动量
Momentum

本章常用符号

Symbols commonly used in physics

中文 Chinese	英文 English	国际通用符号 International symbol
力	force	$\vec{F}$
质量	mass	m
速度矢量	velocity vector	$\vec{v}$
加速度矢量	acceleration vector	$\vec{a}$
动量	momentum	$\vec{p}$
冲量	impulse	$\vec{I}$

4.1 冲量与动量 Impulse and momentum

● 基础知识 Rudimentary knowledge

4.1.1 冲量 Impulse

力和力的作用时间的乘积 Ft 叫作力的冲量，用 $\vec{I}$ 表示。

$$\vec{I} = \vec{F}t$$

冲量是矢量,冲量的方向由力的方向确定。在国际单位制中,力的单位是N,时间的单位是s,所以冲量的单位就是牛秒,用符号N·s表示。

✪ 以上是冲量的初等定义。当力$\vec{F}$随时间变化时,冲量的定义是力在t_0到t时间间隔内的积累:

$$\vec{I} = \int_{t_0}^{t} \vec{F} \mathrm{d}t$$

4.1.2 动量 Momentum

物体的质量与速度的乘积$m\vec{v}$叫作动量,用$\vec{p}$表示。

$$\vec{p} = m\vec{v}$$

在国际单位制中,质量的单位是kg,速度的单位是m/s,所以动量的单位是千克米每秒,用符号kg·m/s表示。

4.2 动量定理 Theorem of momentum

● 基础知识 Rudimentary knowledge

上节所述冲量和动量有什么关系呢？参考牛顿第二定律可以写成

✪ $\vec{F} = \dfrac{\mathrm{d}(m\vec{v})}{\mathrm{d}t} = \dfrac{\mathrm{d}\vec{p}}{\mathrm{d}t} \Rightarrow \vec{F}\mathrm{d}t = \mathrm{d}\vec{p} \Rightarrow \int_{t_0}^{t}\vec{F}\,\mathrm{d}t = \int_{p_0}^{p}\mathrm{d}\vec{p} = \vec{p} - \vec{p}_0$

就得出动量定理。

4.2.1 动量定理 Theorem of momentum

在一段时间内物体动量的变化量等于此时间内物体所受合力的冲量：

✪ $\vec{I} = \vec{p} - \vec{p}_0$ 或 $\vec{F}(t - t_0) = \vec{p} - \vec{p}_0$

动量定理不但适用于力恒定的情况，也同样适用于力随时间变化的情况。随时间变化的力可以用等效的平均冲力$\vec{F}$代替，如图4-1所示。

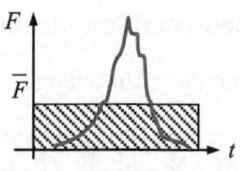

图 4-1 平均力代替变力

● 应用举例 Application example

【例1】质量为 m 的小球以水平速度 v 垂直撞到竖直墙壁上后，以相同的速度大小反弹(fǎn tán)回来。求小球撞击墙壁前后动量的变化。

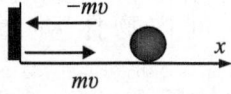

解：取反弹后速度的方向为正方向。碰撞(pèng zhuàng)后小球的动量 $p' = mv$。碰撞前速度 v 的方向与规定的正方向相反，为负值。碰撞前动量 $p = -mv$，小球动量的改变量大小为：

$$p' - p = mv - (-mv) = 2mv$$

小球动量改变的方向与反弹后小球运动方向相同。

【例2】质量 $m = 2$ kg 的木块与水平面间的动摩擦

66

第四章 动量 Momentum

因数 $\mu = 0.2$，木块在 $F = 5$ N 的水平恒力(héng lì)作用下由静止开始运动，求恒力作用在木块上 10 s 末物体的速度。(g 取 10 m/s²)

解法 1：恒力作用下的木块在运动中受到竖直向下的重力 mg，水平面向上的支持力 N，沿水平方向的恒力 F 和摩擦力 $f = \mu mg$，由牛顿第二定律和动摩擦公式可得木块运动的加速度：

$$a = \frac{(F-f)}{m} = \frac{(5-0.2 \times 2 \times 10)}{2} = 0.5 \text{ m/s}^2$$

木块运动 10 s 后的速度：

$$v_t = at = 0.5 \times 10 = 5 \text{ m/s}$$

解法 2：木块的受力分析同上。在 10 s 内木块所受合力的冲量 $I = (F-f)t$。木块初速度是 0，10 s 末速度用 v 表示。10 s 内木块动量的改变就是 mv。根据动量定理，10 s 末木块的速度：

$$v = \frac{I}{m} = \frac{(F-f)t}{m} = \frac{(5-4) \times 10}{2} = 5 \text{ m/s}$$

两种解法相比较，显然利用动量定理比较简单。用动量定理处理和时间有关的力和运动的问题时，绕过了求加速度的环节，所以比较简便。

4.3 动量守恒定律 Law of conservation of momentum

● 基础知识 Rudimentary knowledge

4.3.1 质点系 System of particles

相互之间有作用力的一些质点构成的系统称为<u>质点系</u>。

4.3.2 内力 Internal force

系统中各个物体之间的相互作用力称为这个系统的<u>内力</u>。

4.3.3 动量守恒定律 Law of conservation of momentum

一个系统不受外力或者所受外力之和为0时,系统的总动量保持不变,这就是<u>动量守恒定律</u>。

当 $\sum \vec{f}_{外} = 0$ 时,则有 $\sum_i \vec{p}_i = \sum_i m_i \vec{v}_i = 0$。

动量守恒定律是自然界普遍适用的<u>基本规律之一</u>,它比牛顿定律的适用范围

第四章 动量 Momentum

要更广泛。

● **重要提示 Important note**

①动量定理和动量守恒定律可以使用分量式,例如物体在某一方向上不受外力,就可以在这一方向上利用动量守恒定律列方程。

②要注意动量守恒定律成立的条件是系统受合外力为0。在碰撞、打击、爆炸问题中系统可能受外力,但与强大的内力相比常常可以忽略,这样就可以运用动量守恒定律来解决这些问题。

● **应用举例 Application example**

【例】冲击摆,如图所示,即一质量为 M 的物体被静止悬挂着,今有一质量为 m 的子弹沿水平方向以速度 v 射入物体并停留在其中,问子弹停在物体内时物体的速度为多少?

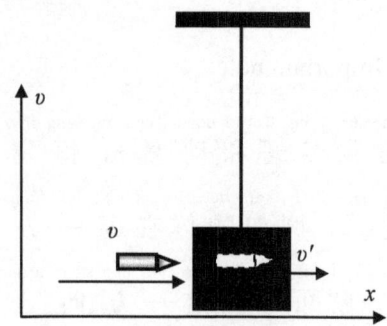

解：由于子弹射入物体到停在其中所经历的时间很短，所以在此过程中物体可以看作未动，还在原来的静止位置上。将子弹和物体看作一个系统，相互碰撞的力很大，属于内力，水平方向受合外力为0，所以系统在水平方向上动量守恒。

设子弹刚停在物体内时物体的速度为 v'，由动量守恒定律列方程，在水平 x 方向上有：

$$mv = (M+m)v'$$

解得

$$v = \frac{mv}{(M+m)}$$

本题关键在于分析动量守恒的条件。

第四章 动量 Momentum

词汇
Vocabulary

中文 Chinese	拼音 Pinyin	英文 English
冲量	chōngliàng	impulse
动量	dòngliàng	momentum
动量定理	dòngliàng dìnglǐ	theorem of momentum
反弹	fǎntán	bounce
碰撞	pèngzhuàng	collision
恒力	hénglì	constant force
质点系	zhìdiǎnxì	system of particles
动量守恒定律	dòngliàng shǒuhéng dìnglǜ	law of conservation of momentum
普遍	pǔbiàn	general
基本规律	jīběn guīlǜ	basic law
打击	dǎjī	hit
爆炸	bàozhà	explosion

第五章 机械能
Mechanical Energy

本章常用符号

Symbols commonly used in physics

中文 Chinese	英文 English	国际通用符号 International symbol
力	force	$\vec{F}$
位移矢量	displacement vector	$\Delta\vec{r}$
功	work	W
动能	kinetic energy	E_k
势能	potential energy	E_P
机械能	mechanical energy	E
质量	mass	m
速度矢量	velocity vector	$\vec{v}$
加速度矢量	acceleration vector	$\vec{a}$
重力加速度	acceleration of gravity	g

第五章 机械能 Mechanical Energy

5.1 功 Work

● 基础知识 Rudimentary knowledge

一个物体如果受到力的作用，并在力的方向上发生一段位移，这个力就对物体做了功。做功的过程就是能量转化的过程，所以功是能量转化的量度。

如果力的方向与物体的运动方向一致，则功等于力的大小与位移大小的乘积，如图5-1所示，功用W表示，即

$$W = Fs$$

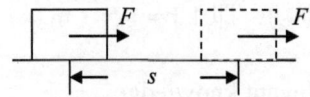

图5-1　力的方向与物体运动方向一致的情况

如果力的方向与物体运动方向成某一角度，如图5-2所示，可以把力分解为两个分力，功的表达式为：

$$W = Fs\cos\alpha$$

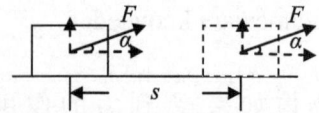

图 5-2　力的运动方向与物体运动方向成某一角度的情况

✪ 如果物体受到的力是变力，是位置的函数，则功的表达式变为：

$$W = \int_{r_0}^{r} F\cos\alpha \, d\vec{r} \int_{r_0}^{r} \vec{F} \cdot d\vec{r}$$

功是标量。在国际单位制中，功的单位是焦耳，简称焦，用符号J表示。1 J 等于 1 N 的力使物体在力的方向上发生 1 m 的位移时所做的功，即 1 J = 1 N·m。

● 相关知识 Relevant knowledge

点积（标积）Point product (scalar product)

点积等于两个矢量大小相乘再乘以夹角的余弦，其结果是标量，所以又叫作

第五章 机械能 Mechanical Energy

标积。

$$C = \vec{A} \cdot \vec{B} = AB\cos\alpha$$

● 重要提示 Important note

① 当 $\alpha = 90°$ 时，$\cos\alpha = 0$，$W = 0$。这表示力的方向与位移的方向垂直时，力不做功。例如，物体在水平面上运动时，重力和支持力都与位移方向垂直，这两个力都不做功。圆周运动中的向心力不做功。

② 当 $\alpha < 90°$ 时，$\cos\alpha > 0$，$W > 0$，这表示力做正功；而当 $90° < \alpha < 180°$ 时，$\cos\alpha < 0$，$W < 0$，这表示力做负功。例如，物体竖直下落时，重力促使物体下落，对物体做正功，而同时空气对物体的摩擦力阻碍物体下落，对物体做负功。

5.2 动能与动能定理 Kinetic energy and theorem of kinetic energy

● 基础知识 Rudimentary knowledge

5.2.1 动能 Kinetic energy

物体的动能等于它的质量跟它的速度平方的乘积的一半。

用 E_k 表示动能，则计算动能的公式为：

$$E_k = \frac{mv^2}{2}$$

动能是标量，是状态量。它的单位与功的单位相同，在国际单位制中都是J，即

$1 \text{ kg} \cdot \text{m}^2/\text{s}^2 = 1 \text{ N} \cdot \text{m} = 1 \text{ J}$。

5.2.2 动能定理 Theorem of kinetic energy

合力所做的功等于物体动能的变化，这就是动能定理。即

第五章 机械能 Mechanical Energy

$$W = \frac{mv_2^2}{2} - \frac{mv_1^2}{2} = E_{2k} - E_{1k}$$

● 重要提示 Important note

① 动能定理中做功的合力可以是恒力，也可以是变力，做功的路径可以是直线，也可以是曲线。因此，其应用很广泛。

② 动能的变化常称为改变量或增量，用后来的动能 E_{2k} 减去原来的动能 E_{1k} 计算。

● 应用举例 Application example

【例】在水平放置的长直木板槽中，木块以 6 m/s 的初速度开始滑动。滑行 4 m 后速度减为 4 m/s，若木板槽粗糙程度处处相同，此后木块还可以向前滑行多远？

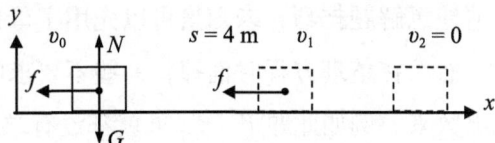

解：根据题意，已知初速度 $v_0 = 6$ m/s，位移 $s = 4$ m 后速度 $v_1 = 4$ m/s，最后 $v_2 = 0$，设木块的质量为 m，木板摩擦力不变，可以设为 f，利用动能定理列方程。

第一段 4 m 前摩擦力的功：

$$W_1 = -fs = \frac{mv_1^2}{2} - \frac{mv_0^2}{2}$$

第二段 4 m 后摩擦力的功：

$$W_2 = -fs' = 0 - \frac{mv_1^2}{2}$$

两式消去 f 得到

$$-\frac{\frac{mv_1^2}{2} - \frac{mv_0^2}{2}}{s} = \frac{\frac{mv_1^2}{2}}{s'}$$

消去 m 得到

$$s' = \frac{s}{\left(\frac{v_0}{v_1}\right)^2 - 1} = \frac{4}{\left(\frac{6}{4}\right)^2 - 1} = 3.2 \text{ m}$$

请注意解题技巧，未知量可以先用字母代替列方程，然后在整理方程时消掉，一些不要求的量不必算出数来。例如此题 W、f、m 就都没有求出。

第五章 机械能 Mechanical Energy

5.3 势能 Potential energy

● 基础知识 Rudimentary knowledge

5.3.1 重力势能 Gravitational potential energy

物体由于被举高而具有的能量叫作重力势能。重力势能等于物体的重量和它的高度的乘积。

用 E_P 表示重力势能，则计算势能的公式为：

$$E_P = mgh$$

在国际单位制中，势能的单位也是J，而且也是标量。它是由物体所处的位置状态决定的，所以与动能一样是状态量。

5.3.2 弹性势能 Elastic potential energy

发生形变的物体，在恢复原状时能够对外界做功，因而具有能量，这种能量叫作<u>弹性势能</u>。

根据胡克定律，我们得到弹性势能的公式为：

$$E_\mathrm{P} = \frac{kx^2}{2}$$

其中，k为劲度系数，x为形变量，弹性势能的单位也是J。

● 相关知识 Relevant knowledge

①保守力 Conservative force

做功只与物体的始末位置有关，而与路径无关的力称为<u>保守力</u>。例如万有引力（包括重力）、弹性力、电磁力。保守力可以引入势能的概念。

②非保守力 Non-conservative force

做功不仅与物体的始末位置有关，还与路

第五章 机械能 Mechanical Energy

径有关的力称为非保守力,例如摩擦力。非保守力不能引入势能的概念。

● 重要提示 Important note

① 重力势能 mgh 是相对于某个水平面来说的,这个水平面的高度为0,重力势能也为0,这个平面叫作参考平面。如图5-3所示,物体对参考平面1的势能为 $mg(h_1+h_2)$,对参考平面2的势能则为 mgh_1。

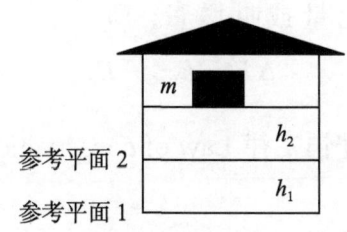

图 5-3　参考平面

② 重力做功与重力势能变化的关系,可以通过上抛物体来分析,如图5-4所示。

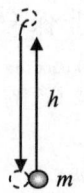

图 5-4　重力做功与重力势能

上抛时，重力做负功 $-mgh$ 或称克服重力做了功，重力势能增加了 mgh；下落时，重力做功 mgh，重力势能减少 mgh，或称增加 $-mgh$。在解决问题时，一般重视重力势能的变化量或叫<u>增量</u>，即

$$\Delta E_P = E_{P\text{末}} - E_{P\text{初}}$$

5.4 机械能守恒定律 Law of conservation of mechanical energy

● 基础知识 Rudimentary knowledge

在只有重力和弹簧弹力对物体做功的情况下，物体的动能和势能可以相互转

化，物体机械能总量保持不变。这就是机械能守恒定律。

● 重要提示 Important note

注意机械能守恒定律使用的条件是系统只有重力和弹力等保守力做功，而没有非保守力（如摩擦力）做功。

● 应用举例 Application example

【例】长 l = 80 cm 的细绳上端固定，下端系一个质量 m = 100 g 的小球。将小球拉起至细绳与竖直方向成 60° 角的位置，然后无初速释放。不计各处阻力，求小球通过最低点时，细绳对小球拉力多大？（g 取 10 m/s²）

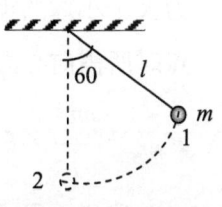

分析：（1）绳对小球的拉力对小球不做功，运动中只有重力对小球做功，所以小球机械能守恒。

设图中 2 处最低点为势能参考点，则

$$E_{P2} = 0, \quad E_{k2} = \frac{mv^2}{2}$$

1 处势能为

$$E_{P1} = mg(1-\cos 60°)l, \quad E_{k2} = 0$$

机械能守恒

$$\frac{mv^2}{2} = mg(1-\cos 60°)l$$

得

$$\frac{v^2}{l} = 2g(1-\cos 60°) = g \qquad ①$$

（2）小球做圆周运动，通过最低点时，绳的拉力大于小球的重力，此二力的合力等于小球在最低点时所需向心力。

$$F_{向心} = \frac{mv^2}{l} = T - mg \implies T = m\left(\frac{v^2}{l} + g\right) \qquad ②$$

①代入②，得

$$T = 2mg = 2 \times 0.1 \times 10 = 2 \text{ N}$$

第五章 机械能 Mechanical Energy

词汇

Vocabulary

中文 Chinese	拼音 Pinyin	英文 English
功	gōng	work
转化	zhuǎnhuà	conversion
焦耳	jiāo'ěr	joule
点积（标积）	diǎnjī (biāojī)	point product (scalar product)
正功	zhènggōng	positive work
负功	fùgōng	negative work
动能	dòngnéng	kinetic energy
乘积	chéngjī	product
动能定理	dòngnéng dìnglǐ	theorem of kinetic energy
重力势能	zhònglì shìnéng	gravitational potential energy
势能	shìnéng	potential energy
弹性势能	tánxìng shìnéng	elastic potential energy
保守力	bǎoshǒulì	conservative force
非保守力	fēibǎoshǒulì	non-conservative force
增量	zēngliàng	increment
机械能	jīxiènéng	mechanical energy
机械能守恒定律	jīxiènéng shǒuhéng dìnglǜ	law of conservation of mechanical energy

第六章 电场
Electric Field

本章常用符号

Symbols commonly used in physics

中文 Chinese	英文 English	国际通用符号 International symbol
元电荷	elementary charge	e
电荷量	quantity of electric charge	$Q(q)$
电场强度	electric field intensity	$\vec{E}$
电势差	electri cpotential difference	U
电势能	electric potential energy	ε
电容	capacitance	C

第六章 电场 Electric Field

6.1 电荷与库仑定律 Electric charge and Coulomb's Law

● 基础知识 Rudimentary knowledge

6.1.1 电荷守恒定律 Law of conservation of charge

电荷既不能被创造也不能被消灭，只能从一个物体转移到另一个物体，或者从物体的一部分转移到另一部分，在转移的过程中，电荷的总量保持不变。

6.1.2 库仑定律 Coulomb's Law

库仑定律：在真空中的两个点电荷之间的相互作用力跟它们的电荷量的乘积成正比，跟它们之间的距离的平方成反比，作用力的方向在它们的连线上。用公式表示为：

$$\vec{F} = \frac{kQ_1Q_2}{r^2}$$

物理一点通

● 相关知识 Relevant knowledge

① 自然界只存在两种电荷：正电荷和负电荷，而且同种电荷相互排斥，异种电荷相互吸引。

② 等量的异种电荷完全相互抵消的现象叫作中和。

③ 把电荷移近不带电的导体，可以使导体带电，这种现象叫作静电感应。利用静电感应使物体带电，叫作感应起电。

④ 所有带电体的电荷量都是电荷量 e 的整数倍。因此，电荷量 e 称为元电荷，$e = 1.6021892 \times 10^{-19}$ C。

● 重要提示 Important note

电荷守恒定律 Law of conservation of charge

① 电荷既不能创生也不能消失，只

能在物体间或物体的某部分间转移。

②物体带电是使物体中的正、负电荷分开的过程,不带电的物体是正、负电荷等量。

③带正电:物体失去一些电子带正电。

④带负电:物体得到一些电子带负电。

库仑定律 Coulomb's Law

①库仑定律的适用条件(范围):真空中,两个点电荷之间的相互作用。

②点电荷:如果带电体之间的距离比他们自身大小大得多,以至带电体的形状和大小对相互作用力的影响可以忽略不计。

③作用力方向在电荷连线上,根据同性电荷相斥、异性电荷相吸判断方向。

④k为静电力恒量。物理常数$k = 9.0 \times 10^9$

qí dà xiǎo shì yòng shí yàn fāng fǎ què dìng de

$N\cdot m^2/C^2$，其大小是用实验方法确定的。

应用举例 Application example

【例 1】两个半径相同的金属小球，带电量之比为 1:7，相距为 r，两者相互接触后再放回原来的位置上，则相互作用力可能为原来的（　　）。

A. $\frac{4}{7}$　　B. $\frac{3}{7}$　　C. $\frac{9}{7}$　　D. $\frac{16}{7}$

参考答案：CD

【例 2】如图所示，三个点电荷 q_1、q_2、q_3 固定在一直线上，q_2 与 q_3 的距离为 q_1 与 q_2 距离的 2 倍，每个电荷所受静电力的合力均为 0，由此可以判定，三个电荷的电量之比 $q_1:q_2:q_3$ 为（　　）。

A. $-9:4:-36$　　B. $9:4:36$

C. $-3:2:-6$　　D. $3:2:6$

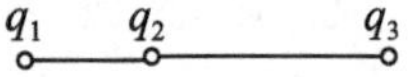

图①

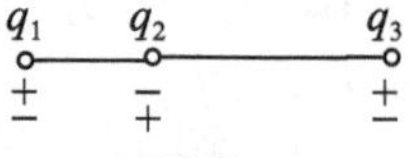

图②

参考答案：A

第六章 电场 Electric Field

6.2 电场与电场强度 Electric field and electric field intensity

● 基础知识 Rudimentary knowledge

放入电场中某一点的电荷受到的电场力$\vec{F}$跟它的电荷量q的比值叫作该点的电场强度。电场强度简称场强,用符号$\vec{E}$表示,用公式表示为:

$$\vec{E} = \frac{\vec{F}}{q}, \quad \vec{E} = \frac{kq}{r^2}$$

● 相关知识 Relevant knowledge

①电场的基本性质是它对放入其中的电荷有力的作用,这种力叫作电场力。

②如果有几个点电荷同时存在,它们的电场就互相叠加,形成合电场。这时某点的场强等于各个点电荷在该点产生的场强的矢量和,这叫作电场的叠加原理。

③在电场中的每一点,场强$\vec{E}$都有一定的方向,如果在电场中画出一系列曲线,使曲线上每一点的切线方向都跟该点的场强方向一致,这样的曲线就叫作<u>电场线</u>。

● 重要提示 Important note

① $\vec{E} = \vec{F}/q$ 是普适的,$\vec{E} = kq/r^2$ 只适用于点电荷电场。

② 场强是描述电场性质的物理量,只由电场决定,与<u>检验电荷</u>无关。

③ 场强是矢量,其大小按定义式 $\vec{E} = \vec{F}/q$ 计算即可,其方向跟正电荷在该点所受的电场力的方向相同,其单位为牛顿每库仑,简称牛每库,用符号N/C表示。

④电场线的特点:

A.在静电场中,电场线从正电荷起,终于负电荷,是不闭合曲线;

B.电场线不能相交,否则一点将有两个场强方向;

C.电场线不是电场里实际存在的线,是为使电场形象化而画的假想线。

●应用举例 Application example

【例】在真空中有一个点电荷 Q,在它周围跟 Q 在同一直线上有 A、B 两点,相距 $d = 12$ cm,已知 A 点和 B 点的场强大小之比 $E_A : E_B = 4 : 1$,试求场源电荷 Q 在该直线上的位置。

解:设场源电荷 Q 离 A 点距离为 r_1,离 B 点距离为 r_2,根据点电荷场强公式和题设条件,由下式

$$\frac{kq}{r_1^2} = 4\frac{kq}{r_2^2}$$

可得

$$r_2 = 2r_1$$

满足上述距离条件的场源位置可以有两种情况，如图所示，因此，可以有两解：

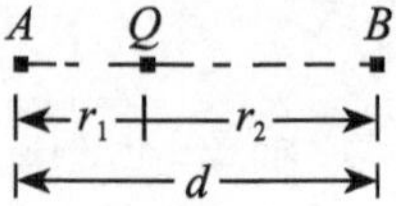

图①

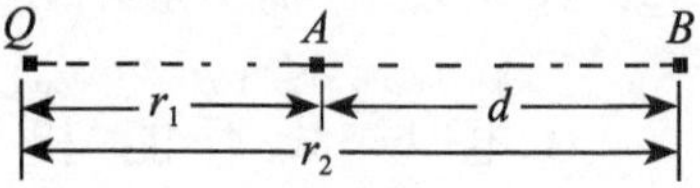

图②

$$\begin{cases} r_1 = 4\ \text{cm} \\ r_2 = 8\ \text{cm} \end{cases} \qquad \begin{cases} r_1 = 12\ \text{cm} \\ r_2 = 24\ \text{cm} \end{cases}$$

也就是说，当场源电荷 Q 在 AB 连线中间时，应距 A 为 4 cm 处；当场源电荷 Q 在 AB 连线的 A 点外侧时，应距 A 为 12 cm。

6.3 电场中的导体与静电平衡 Conductors in an electric field and electrostatic equilibrium

基础知识 Rudimentary knowledge

dǎo tǐ zhōng bāo guā biǎo miàn méi yǒu diàn hè de dìng xiàng yí dòng de zhuàng tài jiào zuò jìng diàn píng héng zhuàng tài

导体中（包括表面）没有电荷的定向移动的状态，叫作静电平衡状态。

相关知识 Relevant knowledge

bǎ yí gè shí xīn dǎo tǐ wā kōng biàn chéng yí gè dǎo tǐ

把一个实心导体挖空，变成一个导体

壳。在静电平衡状态下,壳内的场强仍处处为0。这样,导体壳就可以保护它所包围的区域,使这个区域不受外部电场的影响,这种现象叫作<u>静电屏蔽</u>。

● 重要提示 Important note

①处于静电平衡状态的导体,内部的场强处处为0。

②电荷分布在导体外表面。

● 应用举例 Application example

【例】如图所示,A、B 为两个大小不等的导体球壳 ($R_A > R_B$),分别有正电荷 q 与 $2q$。求:

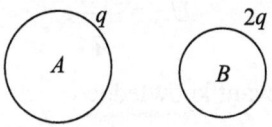

(1)球壳 B 与 A 接触一下后,将 B 放进 A 球壳内,与内表面接触,则 A 的带电情况和 B 的带

电情况如何变化?

（2）球壳 B 与 A 接触一下后，将 B 球壳放进 A 球壳内，使 A 瞬间接地，再将 B 与 A 的内表面接触，则 A、B 的带电情况会怎样变化?

参考答案：（1）A 外表面带电 $3q$、B 不带电

（2）A 不带电、B 不带电

6.4 电势差与电势 Electric potential difference and electric potential

● 基础知识 Rudimentary knowledge

电荷 q 在电场中由一点 a 移动到另一点 b 时，电场力所做的功 W_{ab} 与电荷量 q 的比值 W_{ab}/q，叫作 a、b 两点间的<u>电势差</u>，用符号 U_{ab} 表示，即

$$U_{ab} = \frac{W_{ab}}{q}$$

● 相关知识 Relevant knowledge

①<u>电势能</u>：电荷在电场中具有的势能，和重力势能一样要确定零势能的位置。比

第六章 电场 Electric Field

零电势能高的电势能为正，比零电势能低的电势能为负。电势能用 ε 表示，单位是 J。

② 电势定义：如图6-1所示，在正点电荷 Q 的电场中，A 在距 Q 无穷远处，此处电势能为 0，把电量不同的正电荷 q_1、q_2、q_3……从无穷远处 A 点移到电场中 B 点，电场力做负功，为 W_1、W_2、W_3……，所以电荷在 B 点的电势能应为 ε_1、ε_2、ε_3……，虽然 q 不同，ε 不同，但它们的比值 ε_1/q_1、ε_2/q_2、ε_3/q_3……相同，照此理解，电势的概念为单位电量电荷在 B 处所具有的电势能，或理解为 1 C 的电荷从 B 到 A 电场力做的功。

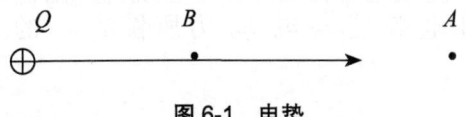

图 6-1 电势

③ 等势面：电场中电势相同的各点构成的面。

A. 在同一等势面上的任意两点间移动电荷，电场力不做功。

B. 等势面一定与电场线垂直。

C. 匀强电场中的等势面是与电场线垂直的一组平面。

D. 处于静电平衡状态的导体是等势体，等势体电势不为0。

④ 在匀强电场中，场强与电势差的关系为 $\vec{E} = U_{AB}/d$，d 为 A、B 两点沿电场线方向的距离。

● 重要提示 Important note

① 电势能与电场力所做的功的关系：

第六章 电场 Electric Field

$W = -\Delta\varepsilon$, $\Delta\varepsilon = \varepsilon_2 - \varepsilon_1$

电场力做正功，电势能减少；电场力做负功，电势能增加。与重力功和重力势能变化的关系进行比较。

②电场力做功与路径无关。

③电势是标量，在国际单位制中，单位是伏特，简称伏，用符号V表示，$1\text{ V} = 1\text{ J/C}$。设在离场源无穷远处电势为0，则正电荷电场中，电势处处为正；负电荷电场中，电势处处为负。沿电场线方向，电势降低。

④注意场强公式适用条件：$\vec{E} = \vec{F}/q$ 为定义式，普遍适用；$\vec{E} = kQ/r^2$ 只适用于在真空中点电荷产生电场的情况；$E = U_{AB}/d$ 只适用于匀强电场。

应用举例 Application example

【例1】 下列说法正确的是（　　）。

A. 电场中顺着电场线移动电荷，电场力做功，电荷电势能减少

B. 在电场中逆着电场线移动电荷，电场力做功，电荷电势能减少

C. 在电场中顺着电场线移动正电荷，电场力做正功，电荷电势能减少

D. 在电场中逆着电场线移动负电荷，电场力做负功，电荷电势能增加

参考答案：C

【例2】 电子在电场中由电势高处运动到电势低处的过程中，下列说法中正确的是（　　）。

A. 电子动能一定越来越小

B. 电子电势能一定越来越大

C. 电子速度一定越来越大

D. 电子电势能可能越来越小

参考答案：AB

【例3】如图所示，平行金属板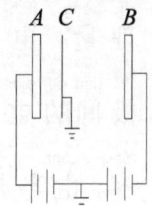
AB相距2 cm，接在电(diàn)压(yā)为12 V
的电池组上，电池组中心接地，
求：

（1）A、B板电势各是多少？

（2）如果在距A板0.5 cm处插入一块接地的金属板C，则AC与BC间场强各多大？

解析：图中⏚为接地符号，一般的接地处的电势为0，电源中心接地中心处电势为0，C板接地，C板电势为零，电池组左侧部分正极比零电势高6 V，为+6 V，左侧负极比中心处低6 V，电势为−6 V，A板电势为6 V，B板电势为−6 V。

$$E_{AC} = \frac{U_{AC}}{d_1} = 6 \div (0.5 \times 10^{-2}) = 1.2 \times 10^3 \text{ V/m}$$

$$E_{BC} = \frac{U_{BC}}{d_2} = 6 \div (1.5 \times 10^{-2}) = 0.4 \times 10^3 \text{ V/m}$$

6.5 电容 Capacitance

● 基础知识 Rudimentary knowledge

电容(diàn róng)是(shì)表示(biǎo shì)电容器(diàn róng qì)容纳(róng nà)电荷(diàn hè)本领(běn lǐng)的(de)物(wù)

理量。电容器所带的电荷量 Q 跟它的两极间的电势差 U 的比值,叫作电容器的电容。电容用符号 C 表示,则有:

$$C=\frac{Q}{U}$$

● 相关知识 Relevant knowledge

① 平行板电容器:两个平行金属板中间夹上一层绝缘物质,也叫电介质,就组成一个最简单的电容器,叫作平行板电容器。

② 充电:把电容器的一个极板跟电池组的正极相连,另一个极板和电池组的负极相连,两个极板就分别带上了等量的异种电荷,这个过程叫充电。

③ 放电:把充电后的电容器的两个极

板相连接通,两个极板上的电荷互相中和,电容器就不再带电,这个过程就叫放电。

● 重要提示 Important note

①任意两个彼此绝缘又相隔很近的导体,都可以看作是一个电容器。

②电容器的带电量,是指每个极板所带电荷量的绝对值。

③平行板电容器的电容跟两极板的正对面积 S 和两极板间的距离 d 有关,电容器极板间充满某种电介质时,电容增大到的倍数叫作这种电介质的介电常量,用 ε 表示。平行板电容器的电容 C 跟介电常量 ε 成正比,跟极板的距离 d 成反比,即

$$C = \frac{\varepsilon S}{4\pi kd}$$

● 应用举例 Application example

【例】如图所示，把一个平行板电容器接在电压 $U = 10\text{ V}$ 的电 <ruby>源<rt>diàn yuán</rt></ruby>

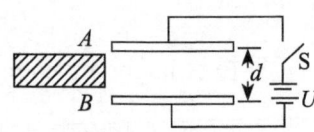

上。现进行下列四步动作：（1）合上 S；（2）在两板中央插入厚为 $d/2$ 的金属板；（3）打开 S；（4）抽出金属板。则此时电容器两板间电势差为（ ）。

A. 0 V　　B. 10 V　　C. 5 V　　D. 20 V

参考答案：D

6.6 带电粒子在匀强电场中的运动 Motion of a charged particle in a uniform electric field

● 基础知识 Rudimentary knowledge

$$qU = \frac{1}{2}mv^2, \quad v = \sqrt{2qU/m}$$

● 相关知识 Relevant knowledge

① <ruby>带<rt>dài</rt>电<rt>diàn</rt>粒<rt>lì</rt>子<rt>zǐ</rt>的<rt>de</rt>加<rt>jiā</rt>速<rt>sù</rt></ruby>：<ruby>如<rt>rú</rt>图<rt>tú</rt></ruby>6-2<ruby>所<rt>suǒ</rt>示<rt>shì</rt></ruby>，<ruby>在<rt>zài</rt>一<rt>yí</rt>对<rt>duì</rt></ruby>

第六章 电场 Electric Field

带电平行金属板所形成的匀强电场中,两板间的电压为U、电场强度为$\vec{E}$。如果图中的带正电或带负电的粒子的初速度为0,它就会在电场力的作用下做匀加速直线运动。

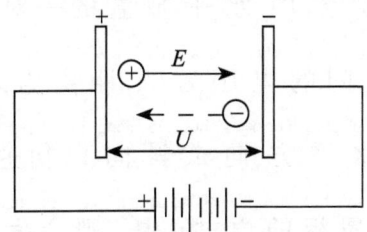

图 6-2 静止带电粒子在匀强电场中加速

处理这类问题有两种方法。第一种方法和基本思路如下:

$$\left.\begin{aligned}\vec{F}&=q\vec{E}\\ \vec{F}&=m\vec{a}\end{aligned}\right\}q\vec{E}=m\vec{a}\Rightarrow a=\frac{qU}{md}$$

然后再根据问题要求,选用匀变速运动公式。(注:上式中的q和m为带电粒子的电

荷量和质量)

第二种方法的基本思路如下:

$$\left.\begin{array}{l}W = qU \\ \Delta E_k = \dfrac{1}{2}mv^2 - 0\end{array}\right\} qU = \dfrac{1}{2}mv^2$$

②带电粒子的<u>偏转</u>：如图6-3 ①②③④所示,在真空中水平放置的一对带电金属板,两板间的电压为U、距离为d。若带电粒子以水平方向或斜向以初速度v_0射入平行金属板的电场中,则会发生偏转,其运动形式和性质与平抛、斜抛运动相似。

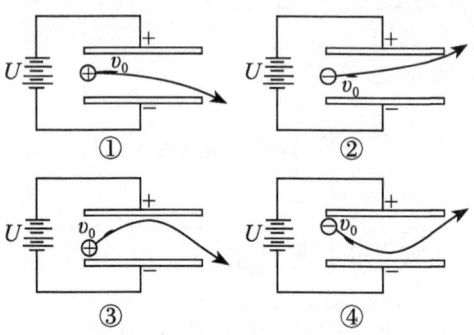

图6-3 有初速度的带电粒子在匀强电场中的运动

第六章 电场 Electric Field

处理这种问题的基本思路如下：

$$\left.\begin{aligned} F &= ma \\ F &= qE \\ E &= \frac{U}{d} \end{aligned}\right\} q\frac{U}{d} = ma \Rightarrow a = \frac{qU}{md}$$

然后再根据类似平抛运动的公式求解：

$$\begin{cases} x = v_0 t \\ y = \dfrac{at^2}{2} \end{cases}$$

● 应用举例 Application example

【例】质子和 α 粒子从静止开始，经过同一电压加速后，再垂直进入同一匀强偏转电场。试证明两粒子离开偏转电场时沿电场方向的位移相同。

证明：设粒子的质量为 m、电荷量为 q，经电压 U_1 加速后，根据动能定理：

$$y = \frac{at^2}{2}$$

粒子以速度 v_0 垂直场强 E 的匀强电场做类似平抛运动，沿 v_0 方向做匀速运动，沿场强方向做匀加速运动：

$$y = \frac{at^2}{2} = \frac{\frac{qE}{m}t^2}{2}$$

粒子离开偏转电场沿 v_0 方向的位移 $x = l$。

由以上各式解得,粒子离开偏转电场时沿场强方向的位移为:

$$y = \frac{El^2}{4U_1}$$

由此可知:粒子沿偏转电场方向的位移 y 与粒子的质量和带电荷量无关。所以,质子和 α 粒子沿偏转电场方向的位移相同。

第六章 电场 Electric Field

常用表达

Common expressions

既不能……也不能……

can neither ... nor ...

电荷既不能被创造也不能被消灭，只能从一个物体转移到另一个物体，或者从物体的一部分转移到另一部分。

词汇
Vocabulary

中文 Chinese	拼音 Pinyin	英文 English
电荷	diànhè	electric charge
库仑定律	Kùlún Dìnglù	Coulomb's Law
真空	zhēnkōng	vacuum
同种	tóngzhǒng	homogeneous (like)
排斥	páichì	repel
异种	yìzhǒng	heterogeneous (unlike)
吸引	xīyǐn	attract
等量的	děngliàngde	equivalent
中和	zhōnghé	neutralization
导体	dǎotǐ	conductor
静电感应	jìngdiàn gǎnyìng	electrostatic induction
感应起电	gǎnyìng qǐ diàn	charging by induction
元电荷	yuándiànhè	elementary charge
点电荷	diǎndiànhè	point charge
静电力	jìngdiànlì	electrostatic force
电场	diànchǎng	electric field
电场强度	diànchǎng qiángdù	electric field intensity
电场力	diànchǎnglì	electric field force

第六章 电场 Electric Field

(续表)

中文 Chinese	拼音 Pinyin	英文 English
叠加	diéjiā	superposition
叠加原理	diéjiā yuánlǐ	superposition principle
电场线	diànchǎngxiàn	electric field line
检验电荷	jiǎnyàn diànhè	test charge
场源	chǎngyuán	field source
定向移动	dìngxiàng yídòng	directional movement
静电平衡	jìngdiàn pínghéng	electrostatic equilibrium
实心导体	shíxīn dǎotǐ	solid conductor
静电屏蔽	jìngdiàn píngbì	electrostatic shielding
电势差	diànshìchā	electric potential difference
电势能	diànshìnéng	electric potential energy
电势	diànshì	electric potential
等势面	děngshìmiàn	equipotential surface
电压	diànyā	voltage
电容	diànróng	capacitance
容纳	róngnà	accommodate
电容器	diànróngqì	capacitor
平行板电容器	píngxíngbǎn diànróngqì	parallel plate capacitor

(续表)

中文 Chinese	拼音 Pinyin	英文 English
电介质	diànjièzhì	dielectric
充电	chōngdiàn	charging
极板	jíbǎn	plate
电池	diànchí	battery
放电	fàngdiàn	discharging
绝对值	juéduìzhí	absolute value
介电常量	jièdiàn chángliàng	dielectric constant
电源	diànyuán	power supply
带电粒子	dàidiàn lìzǐ	charged particle
加速	jiāsù	accelerate
偏转	piānzhuǎn	deflect

第七章 直流电路
Direct Current Circuit

本章常用符号

Symbols commonly used in physics

中文 Chinese	英文 English	国际通用符号 International symbol
电流	current	I
电荷	charge	q
时间	time	t
电势差（电压）	electric potential difference (voltage)	U
电阻	resistance	R
电阻率	resistivity	ρ
长度	length	l
面积	area	S
功	work	W
电功率	electric power	P
热量	heat	Q
电动势	electromotive force	ε
内阻	internal resistance	r

物理一点通

7.1 电路与欧姆定律 Electric circuit and Ohm's Law

● 基础知识 Rudimentary knowledge

7.1.1 电流 Electric current

通过导体横截面的电荷量 q 跟通过这些电荷量所用的时间 t 的比值叫作电流强度，简称电流，用符号 I 表示，即

$$I = \frac{q}{t}$$

7.1.2 欧姆定律 Ohm's Law

欧姆定律：导体中的电流 I 跟导体两端的电势差 U 成正比，跟导体的电阻 R 成反比，即

$$I = \frac{U}{R}$$

7.1.3 电阻定律 Law of electrical resistance

导体的电阻 R 跟它的长度 l 成正比，跟它的横截面积 S 成反比，即

第七章 直流电路 Direct Current Circuit

$$R = \frac{\rho l}{S}$$

7.1.4 焦耳定律 Joule's Law

电场力在电路中所做的功 W 等于电流通过该段电路时所产生的热量 Q，即

$$Q = W = UIt = I^2Rt$$

● **相关知识 Relevant knowledge**

①电压：就是导体两端的电势差，在通电导体中存在电场，在电场作用下电荷定向移动形成电流。

②电功率：电流所做的功跟完成这些功所用时间的比值，用符号 P 表示。电功率表示电流做功的快慢，亦为单位时间电流做的功。

③额定电压：用电器安全正常工作的最大电压。

额定功率：用电器安全正常工作的最大功率。照明灯泡上标有"220 V　60 W"，60 W即为额定功率。

● 重要提示 Important note

①电流产生的条件：

A. 导体内有大量自由电荷（金属导体—自由电子；电解质溶液—正、负离子；导电气体—正、负离子和电子）。

B. 导体两端存在电势差（电压）。

②规定正电荷的定向移动方向为电流的方向，电流有方向但电流强度不是矢量。

③实验表明，对同一个导体来说，<u>不管电压和电流的大小如何变化，比值R都是恒定的</u>。

第七章 直流电路 Direct Current Circuit

④区别额定功率和实际功率。

● 应用举例 Application example

【例1】当电阻两端的电压变为原来的1/2时，流过电阻的电流减少0.5 A，则当电阻两端电压增为原来的2倍时，流过电阻的电流多大？

参考答案：2A

【例2】把电阻是1 Ω 的一根金属丝，拉长为原来的2倍，问导体的电阻是多大？

参考答案：4Ω

【例3】一盏"220V 100 W"的电灯，220 V、100 W分别表示电压和电功率的值，它的电阻为_____，正常工作时的电流强度为_____，若电阻不变，接入110 V的电路中，则实际电流为_____，实际功率为_____，一般只要该灯泡未损坏，它的额定电压、电流、功率_____改变。

参考答案：484Ω；$\dfrac{5}{11}$A；$\dfrac{5}{22}$A；25W；不会

7.2 串联电路与并联电路 Series and parallel circuits

● 基础知识 Rudimentary knowledge

7.2.1 串联电路 Series circuit

串联电路两端的电压等于各电阻两端的电压之和,即

$$U = U_1 + U_2 + \cdots\cdots + U_n$$

串联电路的总电阻等于各电阻之和,即

$$R = R_1 + R_2 + \cdots\cdots + R_n$$

7.2.2 并联电路 Parallel circuit

并联电路干路中的电流 I 等于各支路的电流之和,即

$$I = I_1 + I_2 + \cdots\cdots + I_n$$

并联电路总电阻的倒数等于各电阻倒数之和,即

$$\frac{1}{R} = \frac{1}{R_1} + \frac{1}{R_2} + \cdots\cdots + \frac{1}{R_n}$$

第七章 直流电路 Direct Current Circuit

● 相关知识 Relevant knowledge

① 串联电路中,电压分配与电阻成正比;串联电路中,功率的分配与电阻成正比。

② 并联电路各支路两端的电压相同。

③ 并联电路干路中的电流等于各支路的电流之和。

④ 并联电路各支路中,电流的分配与电阻成反比;并联电路中,功率的分配与电阻成反比。

● 应用举例 Application example

【例】如图所示,电路两端电压恒定,电阻 $R_1 = R_2 = R_3$,开关闭合前后,电阻 R_2 消耗电功率之比为____。

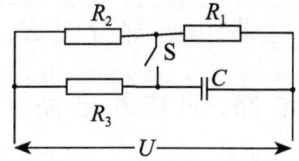

参考答案:9:4

7.3 闭合电路的欧姆定律 Ohm's Law for a closed circuit

● 基础知识 Rudimentary knowledge

7.3.1 电动势 Electromotive force

电源的电动势等于电源没有接入电路时两极间的电压。

电动势用符号 E 表示,单位是 V。

$$E = U_外 + U_内$$

7.3.2 闭合电路的欧姆定律 Ohm's Law for a closed circuit

闭合电路中的电流跟电源的电动势成正比,跟内、外电路中的电阻之和成反比,这就叫闭合电路的欧姆定律,即

$$U_外 = E - Ir$$

● 相关知识 Relevant knowledge

①闭合电路由两部分组成:一部分是电源外部的电路,叫作外电路,包括用电器和导线等;另一部分是电源内部的电路,

第七章 直流电路 Direct Current Circuit

叫作内电路。

②外电路两端的电压$U_外$通常称为<u>路端电压</u>。若电源没有内电阻，则$U_内$为0，路端电压总等于电源的电动势，此时的电源称为理想电压源。

● 重要提示 Important note

断路时的路端电压等于电源的电动势。

● 应用举例 Application example

【例】如图所示，直线A为电源的U-I图线，直线B为电阻R的U-I图线。用该电源和电阻组成的闭合电路，电源输出功率和电路的总功率分别是多少？

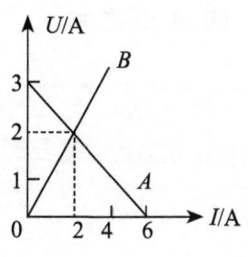

参考答案：$P_{输出} = 4\,\text{W}$，$P_{总} = 6\,\text{W}$

常用表达

Common expressions

不管……都……
no matter what/how …

对同一个导体来说,不管电压和电流的大小如何变化,比值 R 都是恒定的。

等于……之和
be equal the sum of …

串联电路两端的电压等于各电阻两端的电压之和。

第七章 直流电路 Direct Current Circuit

词汇
Vocabulary

中文 Chinese	拼音 Pinyin	英文 English
横截面	héngjiémiàn	cross section
电流强度	diànliú qiángdù	current intensity
欧姆定律	Ōumǔ Dìnglǜ	Ohm's Law
两端	liǎng duān	two ends
电阻	diànzǔ	resistance
长度	chángdù	length
电路	diànlù	circuit
热量	rèliàng	heat
电功率	diàngōnglǜ	electric power
额定	édìng	rated
串联	chuànlián	series connection
并联	bìnglián	parallel connection
干路	gànlù	main circuit
支路	zhīlù	branch (circuit)
分配	fēnpèi	distribution
电动势	diàndòngshì	electromotive force
闭合电路	bìhé diànlù	closed circuit

物理一点通

(续表)

中文 Chinese	拼音 Pinyin	英文 English
外部	wàibù	exterior
内部	nèibù	interior
路端电压	lùduān diànyā	terminal voltage

第八章 磁场
Magnetic Field

本章常用符号

Symbols commonly used in physics

中文 Chinese	英文 English	国际通用符号 International symbol
磁感应强度	magnetic induction (intensity)	B

8.1 磁场与安培定律 Magnetic field and Ampère's Law

● 基础知识 Rudimentary knowledge

8.1.1 磁场 Magnetic field

磁极之间相互作用的磁力是通过<u>磁场</u>发生的,电场和磁场一样都是一种物质。

8.1.2 磁感线 Magnetic induction lines

<u>磁感线</u>是在磁场中画出一些有方向的曲线,在这些曲线上每一点的曲线方向,

125

亦即该点的切线方向都跟该点的磁场方向相同。如图 8-1 所示。

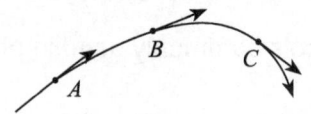

图 8-1　磁感线上的磁场方向

8.1.3 安培定律 Ampère's Law

安培定律 1：用右手握住导线，让伸直的大拇指所指的方向跟电流的方向一致，弯曲的四指所指的方向就是磁感线的环绕方向。如图 8-2、8-3 所示。

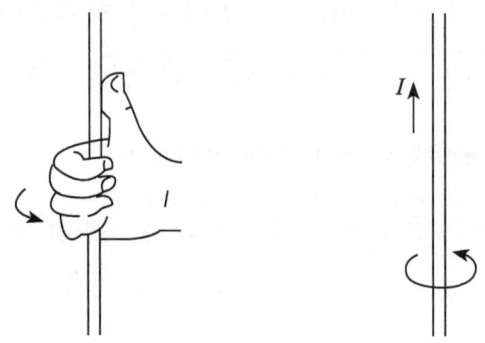

图 8-2　安培定律 1（长直导线）　　图 8-3　直线电流的磁场分布

安培定律2：让右手弯曲的四指和环形电流的方向一致，伸直的大拇指所指的方向就是环形导线中心轴线上磁感线的方向。如图8-4所示。

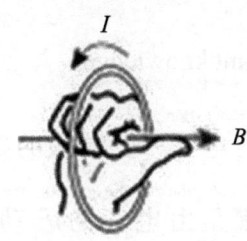

图 8-4　安培定律2（环形电流）

安培定律3：用右手握住螺线管，让弯曲的四指所指的方向跟电流的方向一致，那么大拇指所指的方向就是螺线管内部磁感线的方向，也就是说，大拇指指向通电螺线管的北极。如图8-5所示。

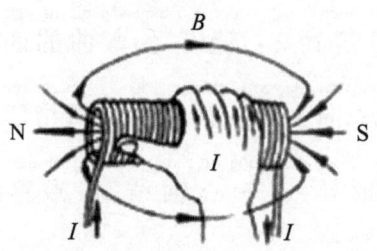

图 8-5 安培定律 3（通电螺线管磁场的磁感线分布）

● 相关知识 Relevant knowledge

磁现象的电本质：磁铁的磁场和电流的磁场一样，都是由电荷的运动产生的。

● 重要提示 Important note

①将一个小磁针放在磁场中某一点，小磁针静止时，北极所指的方向，就是该点的磁场方向。

②磁感线是闭合的曲线，没有开始点和结束点，任何两条都不相交。磁感线在磁体外部，总是由磁体的北极指向磁体的南

极；在磁体内部，总是由磁体的南极指向磁体的北极。

③磁感线的密度表示磁场的强弱，越密的地方，磁感应强度越大。在磁体周围，离磁极越近，磁感应强度越大；离磁极越远，磁感应强度越小。

应用举例 Application example

【例】一束电子流沿水平面自西向东运动，在电子流的正上方一点P，由于电子运动产生的磁场在P点的方向上为（　　）。

A. 竖直向上　　　　B. 竖直向下

C. 水平向南　　　　D. 水平向北

参考答案：D

8.2 磁感应强度与匀强磁场 Magnetic induction and uniform magnetic field

● 基础知识 Rudimentary knowledge

8.2.1 磁感应强度 Magnetic induction

在磁场中垂直于磁场方向的通电导线,所受的安培力$\vec{F}$跟电流I和导线长度L的乘积IL的比值叫作磁感应强度,用符号B表示,公式表示为:

$$B = \frac{\vec{F}}{IL}$$

8.2.2 匀强磁场 Uniform magnetic field

磁感应强度的大小和方向处处相同的区域的磁场。

● 相关知识 Relevant knowledge

①通电导线在磁场中要受到安培力的作用。

②左手定则：伸出左手，使大拇指跟其余四个手指垂直，并且都跟手掌在一个平面内，把手放入磁场中，让磁感线垂直穿入手心，并使伸长的四指指向电流的方向，那么，大拇指所指的方向就是通电导线在磁场中所受安培力的方向。

③当通电导线跟磁场方向平行时，磁场对导线的作用力为0。如果通电导线跟磁场方向既不垂直也不平行而成任一角度，磁场对电流有作用力，但作用力比互相垂直时要小。

④洛伦兹力的方向也可用左手定则来判定：伸开左手，使大拇指跟其余四个手指垂直，且处于同一个平面内，把手放入磁场中，让磁感线垂直穿入手心，四指指

向正电荷运动的方向，那么，拇指所指的方向就是电荷所受洛伦兹力的方向。

● 重要提示 Important note

① B 的矢量性：B 的方向与磁场方向，即小磁针N极受力方向相同。

② 规定：磁感线条数跟磁感应强度成正比，即在垂直于磁场方向的 $1 m^2$ 面积上，磁感线的条数跟那里的磁感应强度的数值相同。

③ 安培力的方向总是既垂直于磁场方向，又垂直于电流方向。

● 应用举例 Application example

【例1】如图所示，放在平行光滑导轨上的导体棒 ab 质量为 m，长为 l，导体所在平行面与水平面成30°角，导体棒与导轨垂直，空间有竖直向上的匀强磁场，磁感应强度为 B，若在导体中通以由____端至____端的电流，且电流为 $\sqrt{3}mg/Bl$ 时，导体棒可维持静止状态。

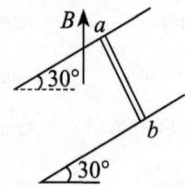

参考答案：b；a

【例2】如图所示，一束电子（电荷量为 e）以速度 v 垂直射入磁感强度为 B、宽度为 d 的匀强磁场中，穿透磁场时速度方向与原来入射方向的夹角是30°，求：

（1）电子的质量；

（2）穿透磁场的时间。

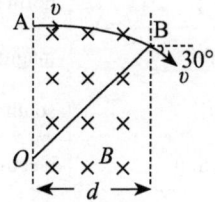

参考答案：（1）$2dBe/v$

（2）$\pi d/3v$

词汇
Vocabulary

中文 Chinese	拼音 Pinyin	英文 English
磁场	cíchǎng	magnetic field
磁感线	cígǎnxiàn	magnetic induction line
安培定律	Ānpéi Dìnglǜ	Ampère's Law
导线	dǎoxiàn	wire
伸直	shēnzhí	straighten
弯曲	wānqū	bending
环绕	huánrào	surround
环形	huánxíng	ring (loop)
螺线管	luóxiànguǎn	solenoid
通电	tōngdiàn	electrify
北极	běijí	north pole
磁针	cízhēn	magnetic needle
南极	nánjí	south pole
电子流	diànzǐliú	electron current
安培力	ānpéilì	Ampère's force
磁感应强度	cígǎnyìng qiángdù	magnetic induction (intensity)
洛伦兹力	luòlúnzīlì	Lorentz force

第九章 电磁感应
Electromagnetic Induction

本章常用符号

Symbols commonly used in physics

中文 Chinese	英文 English	国际通用符号 International symbol
磁感应强度	magnetic induction (intensity)	B
面积	area	S
感应电动势	induced electromotive force	E
磁通量	magnetic flux	Φ
时间的变化量	variation of time	Δt
磁通量的变化量	variation of magnetic flux	$\Delta \Phi$
面积的变化量	variation of area	ΔS

9.1 电磁感应定律 Law of electromagnetic induction

● 基础知识 Rudimentary knowledge

9.1.1 电磁感应 Electromagnetic induction

zhǐ yào chuān guò bì hé diàn lù de cí tōng liàng fā shēng biàn
只要 穿 过 闭合 电 路 的 磁 通 量 发 生 变

化，闭合电路中就有电流产生，这种利用磁场产生电流的现象叫<u>电磁感应</u>，产生的电流叫<u>感应电流</u>。

9.1.2 法拉第电磁感应定律 Faraday's Law of electromagnetic induction

电路中感应电动势的大小，跟穿过该电路的磁通量的变化率成正比，即

$$E = \frac{k\Delta\Phi}{\Delta t}$$

● <u>相关知识 Relevant knowledge</u>

磁通量 Magnetic flux

面积为 S，垂直匀强磁场 B 放置，则 B 与 S 的乘积，叫作穿过这个面的磁通量，用符号 Φ 表示，公式为：

$$\Phi = BS$$

若平面 S 不与磁场方向垂直，则应把

第九章 电磁感应 Electromagnetic Induction

S平面投影到垂直磁场方向的面上,若这两个面之间的夹角为θ,则

$$\Phi = BS_\perp = BS\cos\theta$$

● **重要提示 Important note**

产生感应电流的条件:

(1)电路必须闭合。

(2)磁通量发生变化,而磁通量发生变化的因素由$\Phi = BS\cos\theta$可知:①磁感应强度B发生变化;②线圈的面积S发生变化;③磁感应强度B与面积S之间的夹角θ发生变化。这三种情况都可以引起磁通量的变化。

● **应用举例 Application example**

【例1】如图所示,有一夹角为θ的金属角架,角架所围区域内存在匀强磁

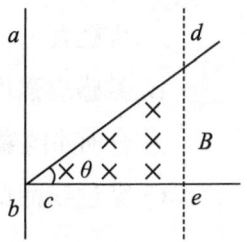

场，磁场的磁感应强度为 B，方向与角架所在平面垂直，一段直导线 ab，从角顶 c 贴着角架以速度 v 向右匀速运动，求：

（1）t 时刻角架的瞬时感应电动势；

（2）t 时间内角架的平均感应电动势。

分析：导线 ab 从顶点 c 向右匀速运动，切割磁感线的有效长度 de 随时间变化，设经过时间 t，ab 运动到 de 的位置，则

$$de = ce\tan\theta = vt \cdot \tan\theta$$

（1）t 时刻的瞬时感应电动势为：

$$E = BLv = Bv^2\tan\theta \cdot t$$

（2）t 时间内平均感应电动势为：

$$E = \frac{\Delta\Phi}{\Delta t} = \frac{B\Delta S}{\Delta t} = \frac{B \cdot vt \cdot vt \cdot \tan\theta}{2t} = \frac{Bv^2\tan\theta \cdot t}{2}$$

【例2】关于磁通量的概念，以下说法正确的是（　　）。

A. 磁感应强度越大，穿过闭合回路的磁通量也越大

B. 磁感应强度越大，线圈面积越大，穿过闭合回路的磁通量也越大

C. 穿过线圈的磁通量为 0 时，磁感应强度不

一定为 0

D. 磁通量发生变化时，磁通密度也一定发生变化

参考答案：C

9.2 楞次定律 Lenz's Law

● 基础知识 Rudimentary knowledge

9.2.1 楞次定律 Lenz's Law

感应电流具有这样的方向，就是感应电流的磁场总要阻碍引起感应电流的磁通量的变化，这就是<u>楞次定律</u>。

9.2.2 自感现象 Self-induction

由于导体本身的电流发生变化而产生的电磁感应现象，叫作<u>自感现象</u>。在自感现象中产生的感应电动势叫作<u>自感电动势</u>。

相关知识 Relevant knowledge

右手定则 Right-hand rule

伸开右手,让拇指与其余四指垂直,并且都跟手掌在一个平面内,让磁感线垂直从手心进入,拇指指向导体运动的方向,其余四指指的方向就是感应电流的方向。

重要提示 Important note

判定感应电流方向的具体步骤:

(1) 明确原磁场的方向;

(2) 明确穿过闭合回路的磁通量是增加还是减少;

(3) 根据楞次定律,判定感应电流的磁场方向;

(4) 利用右手定则判定感应电流的方向。

应用举例 Application example

【例1】在磁感应强度为 B、方向如图所示的匀强磁场中,金属杆 PQ 在宽为 l 的平行金属导轨上以速度 v

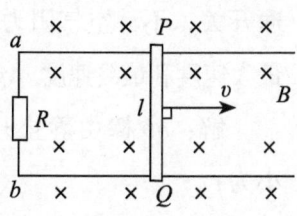

向右匀速滑动,PQ 中产生的感应电动势为 ε_1。若磁感应强度增为 $2B$,其他条件不变,所产生的感应电动势大小变为 ε_2,则 ε_1 与 ε_2 之比及通过电阻 R 的感应电流方向为( )。

A. 2:1,$b \to a$
B. 1:2,$b \to a$
C. 2:1,$a \to b$
D. 1:2,$a \to b$

参考答案:D

【例2】如图所示,竖直平行导轨间距 $l = 20$ cm,导轨顶端接有一开关 S。导体棒 ab 与导轨接触良好且无摩擦,ab 的电阻 $R = 0.4$ Ω,质量 $m = 10$ g,导轨的电阻不计,

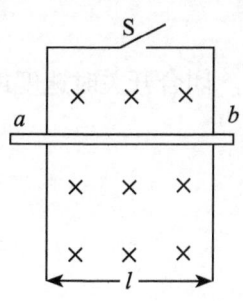

整个装置处在与轨道平面垂直的匀强磁场中，磁感强度 $B = 1$ T。当 ab 棒由静止释放 0.8 s 后，突然接通开关，不计空气阻力，设导轨足够长，求 ab 棒的最大速度和最终速度。(g 取 $10\,\text{m/s}^2$)

解：ab 棒由静止开始自由下落 0.8 s 时速度大小为：

$$v = gt = 8\,\text{m/s}$$

则闭合 S 瞬间，导体棒中产生的感应电流大小

$$I = \frac{Blv}{R} = 4\,\text{A}$$

ab 棒受重力 $mg = 0.1$ N，因为 $F > mg$，ab 棒加速度向上，开始做减速运动，产生的感应电流和受到的安培力逐渐减小。当安培力 $F' = mg$ 时，开始做匀速直线运动。此时满足 $B^2l^2v'/R = mg$，解得最终速度

$$v' = \frac{mgR}{B^2l^2} = 1\,\text{m/s}$$

闭合开关时速度最大为 8 m/s，最终速度为 1 m/s。

第九章 电磁感应 Electromagnetic Induction

词汇
Vocabulary

中文 Chinese	拼音 Pinyin	英文 English
电磁感应	diàncígǎnyìng	electromagnetic induction
感应电流	gǎnyìng diànliú	induced current
感应电动势	gǎnyìng diàndòngshì	induced electromotive force
因素	yīnsù	factor
楞次定律	Léngcì Dìnglǜ	Lenz's Law
自感现象	zìgǎn xiànxiàng	self-induction
自感电动势	zìgǎn diàndòngshì	self-induced electromotive force
明确	míngquè	make clear

第十章 机械振动与机械波
Mechanical Oscillations and Waves

本章常用符号

Symbols commonly used in physics

中文 Chinese	英文 English	国际通用符号 International symbol
振幅	amplitude	A
圆频率	circular frequency	ω
时间	time	t
周期	period	T
频率	frequency	f
波速	wave velocity	v
波长	wavelength	λ
摆长	pendulum length	l

10.1 简谐运动 Simple harmonic motion

● 基础知识 Rudimentary knowledge

wù tǐ zài gēn piān lí píng héng wèi zhì de wèi yí dà xiǎo
物体在跟偏离平衡位置的位移大小

第十章 机械振动与机械波 Mechanical Oscillations and Waves

成正比,并且在总指向平衡位置的回复力的作用下的振动,叫作简谐运动,公式为:

$$x = A\cos\omega t$$

● 相关知识 Relevant knowledge

①物体在平衡位置附近所做的往复运动,叫作机械振动,通常简称为振动。

②弹簧一端固定,另一端连一个在光滑水平面上运动的物体,这样的系统称为弹簧振子,其中的物体称为振子。

③回复力为0的位置,叫振动的平衡位置。

④影响振子运动的只有弹簧的弹力,这个力的方向与振子偏离平衡位置的位移方向相反,总是指向平衡位置,它的作用是使振子回到平衡位置,所以叫作回复力。

145

⑤振动物体离开平衡位置的最大距离，叫作振动的振幅，用符号 A 表示。振幅是表示振动强弱的物理量。

⑥做简谐运动的物体完成一次全振动所需要的时间，叫作振动的周期，用符号 T 表示。

⑦单位时间内完成全振动的次数，叫作振动的频率，用符号 f 表示。

● 重要提示 Important note

①做简谐运动的物体的加速度跟物体偏离平衡位置的位移大小成正比，方向与位移方向相反，总指向平衡位置。

②简谐运动的频率由振动系统本身的性质决定，与振幅大小无关，因此又称为振动系统的固有频率。

第十章 机械振动与机械波 Mechanical Oscillations and Waves

③回复力可以是弹力，或其他的力，或几个力的合力，或某个力的分力。

④弹簧振子的回复力 F 跟振子偏离平衡位置的位移 x 成正比，即

$$F = -kx$$

其中，负号表示弹簧振子的回复力方向跟振子偏离平衡位置的位移方向相反。

● 应用举例 Application example

【例】甲、乙两个弹簧振子，甲完成了 12 次全振动，在相同时间内，乙恰好完成了 8 次全振动，求甲、乙振动周期之比和甲、乙振动频率之比。

解：设完成 12 次全振动所用时间为 t，依题意可知，甲、乙周期为：

$$T_甲 = \frac{t}{12}, \ T_乙 = \frac{t}{8}$$

其周期之比为：

$$T_甲 : T_乙 = \frac{t}{12} : \frac{t}{8} = 2 : 3$$

由于频率是周期的倒数,所以频率之比为:

$$f_甲 : f_乙 = 3 : 2$$

10.2 单摆 Simple pendulum

● 基础知识 Rudimentary knowledge

悬挂小球的细线的伸缩和质量可以忽略,线长又比小球的直径大得多,这样的装置就叫单摆,公式为:

$$T = 2\pi \sqrt{\frac{l}{g}}$$

● 相关知识 Relevant knowledge

单摆的回复力为:

$$F = -\frac{mgx}{l}$$

其中,负号表示回复力的方向与位移方向相反。

● 重要提示 Important note

在偏角很小的情况下,回复力与摆球偏

离平衡位置的位移成正比，而方向相反，单摆做简谐运动。

● 应用举例 Application example

【例】甲、乙两个单摆，甲的摆长是乙的摆长的4倍，乙摆球质量是甲摆球质量的2倍。在甲摆球振动5次的时间内，乙摆球振动＿＿＿次。

分析：此题考查的是周期的影响因素。

已知摆长和质量比例关系，但由周期公式可知，周期与质量无关，甲的摆长是乙的摆长的4倍，那么甲的周期就是乙的周期的2倍，甲的频率是乙的频率的1/2，所以甲振动5次，同时乙振动10次。

10.3 机械波 Mechanical waves

● 基础知识 Rudimentary knowledge

机械振动在介质中传播，形成机械波。振源和介质是机械波产生的条件。

相关知识 Relevant knowledge

① 波在其中传播的物质叫作介质。

② 质点的传播方向与振动方向垂直的波叫作横波。在横波中，凸起的最高处叫作波峰，凹下的最低处叫作波谷。

③ 质点的传播方向跟振动方向在同一直线上的波叫作纵波。在纵波中，质点分布最密的地方叫密部，质点分布最疏的地方叫疏部。

④ 波形曲线是正弦曲线，它所表示的波叫作简谐波。振源做简谐运动的时候，所形成的波就是简谐波，简谐波是一种最简单、最基本的波，其他的波可以看成是由若干简谐波合成的。

第十章 机械振动与机械波 Mechanical Oscillations and Waves

⑤在波动中,平衡位置的位移总是相等的两个相邻质点之间的距离,叫作<u>波长</u>。

● 重要提示 Important note

①介质中有机械波传播时,介质中的点并不随波一起传播。

②波是能量传递的一种方式。

③在波动中,各个质点的振动周期(或频率)是相同的,它们都等于振源的振动周期(或频率),这个振动周期(或频率)也叫波的周期(或频率)。

④<u>波速</u>等于波长和频率的乘积,即

$$v = \lambda f$$

机械波在介质中传播的波速由介质本身的性质决定,在不同的介质中,波速是不同的。

物理一点通

● 应用举例 Application example

【例】下图是一列简谐波在某一时刻的波形图线。虚线是 0.2 s 后它的波形图线。这列波可能的传播速度是多大？

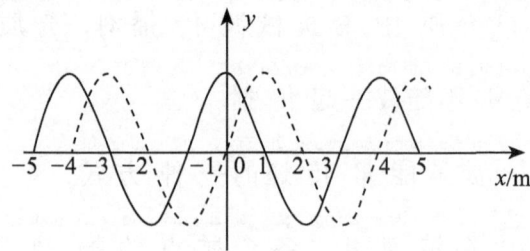

解：由于波的传播方向未给定，所以必须分别讨论波向右传播和向左传播两种情况，又由于周期（或频率）未给定，要注意时间的周期性，用通式表示一段时间 t。

由图线可直接读出波长 $\lambda = 4$ m。

当波向右传播时，$0.2 = \left(n + \dfrac{1}{4}\right)T$，周期 T 为：

$$T = \dfrac{0.2}{n + \dfrac{1}{4}} \text{ s}$$

则波速为：

$$v=\frac{\lambda}{T}=\frac{4\left(n+\frac{1}{4}\right)}{0.2}=5(4n+1)\text{ m/s }(n=0,1,2,3,\cdots)$$

当波向左传播时，$0.2=\left(n+\frac{3}{4}\right)T$，周期 T 为：

$$T=\frac{0.2}{n+\frac{3}{4}}\text{ s}$$

则波速为：

$$v=\frac{\lambda}{T}=\frac{4\left(n+\frac{3}{4}\right)}{0.2}=5(4n+3)\text{ m/s}$$

$$(n=0,1,2,3,\cdots)$$

此题还有另一种解法，因为波具有<u>空间周期性</u>，当波向右传播时，在 0.2 s 内，传播的距离应为：

$$s=\left(n+\frac{1}{4}\right)\lambda$$

则传播速度为：

$$v=\frac{s}{t}=\frac{4\left(n+\frac{1}{4}\right)}{0.2}=5(4n+1)\text{ m/s}$$

$$(n=0,1,2,3,\cdots)$$

当波向左传播时,在 0.2 s 内,传播的距离为:

$$s=\left(n+\frac{3}{4}\right)\lambda$$

则传播速度为:

$$v=\frac{s}{t}=\frac{4\left(n+\frac{3}{4}\right)}{0.2}=5(4n+3)\text{ m/s}$$

$$(n=0,1,2,3,\cdots)$$

第十章 机械振动与机械波 Mechanical Oscillations and Waves

常用表达
Common expressions

与……无关

have nothing to do with …

简谐运动的频率由振动系统本身的性质决定,与振幅大小无关。

……是……的条件

A and B are the essential factors for C

振源和介质是机械波产生的条件。

词汇
Vocabulary

中文 Chinese	拼音 Pinyin	英文 English
平衡位置	pínghéng wèizhì	equilibrium position
回复力	huífùlì	restoring force
简谐运动	jiǎnxié yùndòng	simple harmonic motion
机械振动	jīxiè zhèndòng	mechanical oscillation
弹簧振子	tánhuáng zhènzǐ	spring oscillator
振子	zhènzǐ	oscillator
振幅	zhènfú	amplitude
全振动	quánzhèndòng	complete oscillation
固有频率	gùyǒu pínlǜ	natural frequency
单摆	dānbǎi	simple pendulum
摆长	bǎicháng	pendulum length
介质	jièzhì	medium
机械波	jīxièbō	mechanical wave
振源	zhènyuán	vibration source
传播方向	chuánbō fāngxiàng	direction of propagation
振动方向	zhèndòng fāngxiàng	direction of oscillation
横波	héngbō	transverse wave

第十章 机械振动与机械波 Mechanical Oscillations and Waves

(续表)

中文 Chinese	拼音 Pinyin	英文 English
波峰	bōfēng	crest
波谷	bōgǔ	trough
纵波	zòngbō	longitudinal wave
密部	mìbù	condensation
疏部	shūbù	rarefaction
简谐波	jiǎnxiébō	simple harmonic wave
波动	bōdòng	fluctuation
波长	bōcháng	wavelength
波速	bōsù	wave velocity
空间周期性	kōngjiān zhōuqīxìng	spatial periodicity

第十一章 热学
Thermology

本章常用符号

Symbols commonly used in physics

中文 Chinese	英文 English	国际通用符号 International symbol
压强	pressure	p
体积	volume	V
热力学温度	thermodynamic temperature	T
摄氏温度	Celsius temperature	t

理想气体状态方程 Equation of state of an ideal gas

● 基础知识 Rudimentary knowledge

一定质量的理想气体的压强、体积的乘积与热力学温度的比值是一个常数，公式为：

$$\frac{pV}{T} = nR = C$$

第十一章 热学 Thermology

● 相关知识 Relevant knowledge

①温度 Temperature

温度在宏观上表示物体的冷热程度,在微观上是分子平均动能的标志。

②体积 Volume

气体总是充满它所在的容器,所以气体的体积总是等于盛装气体的容器的容积。

③压强 Pressure

气体的压强是由于气体分子频繁碰撞器壁而产生的。在国际单位制中,压强的单位是帕斯卡,简称帕,用符号Pa表示。

④等温变化 Isothermal change

一定质量的气体,在温度不变的情况下,它的压强和体积成反比。这就是等温变化,也称玻意耳定律。

数学表达式：$p_1V_1 = p_2V_2$

⑤ 等容变化 Isochoric change

一定质量的气体，在体积保持不变的情况下，它的温度与压强成正比。这就是等容变化，也称查理定律。

数学表达式：$\dfrac{p_1}{T_1} = \dfrac{p_2}{T_2}$

⑥ 等压变化 Isobaric change

一定质量的气体，在压强保持不变的情况下，它的体积与温度成正比。这就是等压变化，也称盖·吕萨克定律。

数学表达式：$\dfrac{V_1}{T_1} = \dfrac{V_2}{T_2}$

● 重要提示 Important note

① 从分子运动理论的观点来看，气体压强就是大量气体分子作用在容器壁

第十一章 热学 Thermology

单位面积上的平均作用力。

②热力学温度是国际单位制中的基本量之一,用符号 T 表示,单位是<u>开尔文</u>,用符号 K 表示;<u>摄氏温度</u>是导出单位,用符号 t 表示,单位是<u>摄氏度</u>,用符号 ℃ 表示。二者之间的关系是 $t = T - T_0$,其中 $T_0 = 273.15\,\text{K}$,叫作<u>绝对零度</u>。

● 应用举例 Application example

【例】下图中两个气缸的质量均为 M,内部横截面积为 S,两个活塞的质量均为 m,左边的气缸静止在水平面上,右边的活塞和气缸竖直悬挂在天花板下。两个气缸内分别封闭有一定质量的空气 A、B,大气压为 p_0,求封闭气体 A、B 的压强各为多少?

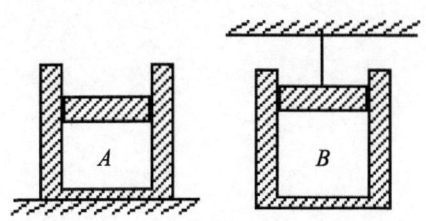

分析：求气体压强要以跟气体接触的物体为对象进行受力分析。在本题中，可取的研究对象有活塞和气缸。两种情况下活塞和气缸的受力情况的复杂程度是不同的：第一种情况下，活塞受重力、大气压力和封闭气体压力三个力作用，而且只有气体压力是未知的；第二种情况下，气缸受重力、大气压力、封闭气体压力和地面支持力四个力作用，地面支持力和气体压力都是未知的，要求地面压力还得以整体为对象才能得出，因此应选活塞为对象求 p_A。同理，第二种情况下应以气缸为对象求 p_B，得出的结论是：

$$p_A = p_0 + \frac{mg}{S}, \quad p_B = p_0 - \frac{Mg}{S}$$

第十一章 热学 Thermology

词汇
Vocabulary

中文 Chinese	拼音 Pinyin	英文 English
压强	yāqiáng	pressure
体积	tǐjī	volume
热力学温度	rèlìxué wēndù	thermodynamic temperature
温度	wēndù	temperature
宏观	hóngguān	macroscopic
帕斯卡	pàsīkǎ	pascal
等温变化	děngwēn biànhuà	isothermal change
等容变化	děngróng biànhuà	isochoric change
等压变化	děngyā biànhuà	isobaric change
开尔文	kāi'ěrwén	kelvin
摄氏温度	Shèshì wēndù	Celsius temperature
摄氏度	shèshìdù	degree Celsius
绝对零度	juéduì língdù	absolute zero
大气压力	dàqìyālì	atmospheric pressure

第十二章 几何光学
Geometrical Optics

本章常用符号

Symbols commonly used in physics

中文 Chinese	英文 English	国际通用符号 International symbol
入射角	angle of incidence	α
反射角	angle of reflection	β
折射角	angle of refraction	γ
折射率	index of refraction	n
临界角	critical angle	C
凸透镜	converging lens	↕
凹透镜	diverging lens	) (
焦距	focal distance	f
物距	object distance	u
像距	image distance	v

第十二章 几何光学 Geometrical Optics

12.1 光的传播 Propagation of light

● 基础知识 Rudimentary knowledge

12.1.1 光的反射定律 Law of reflection

反射光线、入射光线和法线在同一平面内,反射光线和入射光线分别位于法线的两侧,反射角等于入射角。

12.1.2 光的折射定律 Law of refraction

折射光线跟入射光线和法线在同一平面内,折射光线和入射光线分别位于法线的两侧,入射角的正弦和折射角的正弦成正比,通常用折射率表示这个比例常数,用符号 n 表示。

12.1.3 全反射 Total internal reflection

光传播到两种介质的界面时,通常要发生反射和折射现象,若满足了某种

物理一点通

条件,光线不再发生折射现象,而是全部返回到原介质中传播的现象叫<u>全反射</u>现象。(折射光消失)

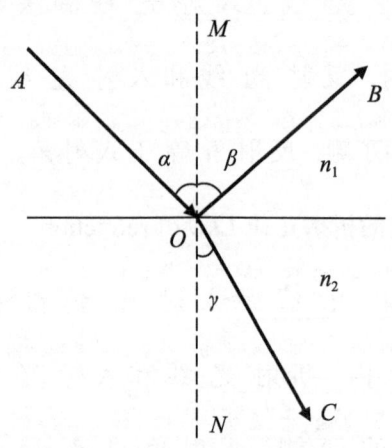

图 12-1 光的反射与折射

AO:入射光线　　α:入射角

OB:反射光线　　β:反射角

OC:折射光线　　γ:折射角

MON:法线

第十二章 几何光学 Geometrical Optics

反射定律：$\beta = \alpha$

折射定律：$\dfrac{\sin \alpha}{\sin \gamma} = \dfrac{n_2}{n_1}$

● 相关知识 Relevant knowledge

①折射率 Index of refraction

光从一种介质射入另一种介质时，虽然入射角的正弦跟折射角的正弦之比为常数 n，但是对不同的介质来说，这个常数 n 是不同的，它跟介质有关系，是一个反映介质的光学性质的物理量，我们把 n 叫作介质的折射率。

②光密介质和光疏介质 Denser medium and rarer medium

对于两种介质来说，光在其中传播速度较小的介质，即折射率较大的介质，叫作光密介质；而光在其中传播速度较大的介质,即折射率较小的介质,叫作光疏介质。

③临界角 The critical angle

折射角等于90°时的入射角叫作临界角,用符号C表示。光从折射率为n的某种介质射到空气(或真空)时的临界角C就是折射角等于90°时的入射角,根据折射定律可得

$$\sin C = \frac{1}{n}$$

④棱镜 Prism

横截面为三角形或梯形的玻璃三棱镜,通常简称为棱镜。棱镜可以改变光的传播方向,还可以使光发生色散。

⑤色散 Dispersion

复色光在介质中由于折射率不同而分解成单色光的现象叫作光的色散。

第十二章 几何光学 Geometrical Optics

● 重要提示 Important note

①在同一均匀介质中,光是沿直线传播的。

②某种介质的折射率等于光在真空中的速度 c 跟光在这种介质中的速度 v 之比,公式表示为:

$$n = \frac{c}{v}$$

③发生全反射的条件:光从光密介质进入光疏介质;入射角等于或大于临界角。

● 应用举例 Application example

【例】如图所示,一束光线从空气中射入某介质,入射光线与反射光线夹角为90°,折射光线

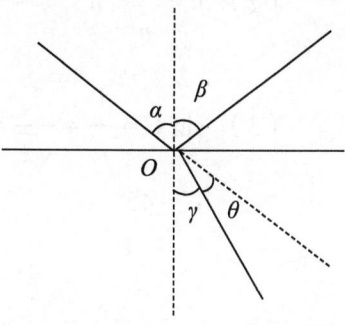

与入射光线延长线间夹角为 15°,求:

(1) 该介质的折射率;

(2) 光在该介质中传播的速度;

(3) 当光从介质射入空气时的临界角。

解:根据题意,入射光线与反射光线的夹角为 90°,又根据光的反射定律,反射角等于入射角,即

$$\alpha = \beta = 45°$$

$$\gamma = \alpha - \theta = 45° - 15° = 30°$$

所以

(1) $n = \dfrac{\sin \alpha}{\sin \gamma} = \dfrac{\sin 45°}{\sin 30°} = \dfrac{\dfrac{\sqrt{2}}{2}}{\dfrac{1}{2}} = \sqrt{2}$

(2) $n = \dfrac{c}{v}$,$v = \dfrac{c}{n} = \dfrac{3 \times 10^8}{\sqrt{2}} = 2.12 \times 10^8$ m/s

(3) $\sin C = \dfrac{1}{n} = \dfrac{1}{\sqrt{2}} = \dfrac{\sqrt{2}}{2}$

$C = 45°$

第十二章 几何光学 Geometrical Optics

12.2 透镜 Lens

● 基础知识 Rudimentary knowledge

两个侧面都磨成球面(或者一面球面，一面平面)的透明体叫作<u>透镜</u>，透镜通常是用玻璃磨成的。透镜成像公式：

$$\frac{1}{\mu}+\frac{1}{v}=\frac{1}{f}$$

● 相关知识 Relevant knowledge

①薄透镜 Thin lens

通常把厚度比球面的半径小得多的透镜叫作<u>薄透镜</u>。

②主光轴 Principal axis

透镜的两个球面都有自己的球心，我们把通过两球心的直线叫作透镜的<u>主光轴</u>，简称主轴，用点画线来表示。

③光心 Optical center

主轴跟透镜的两面各有一个交点,对于薄透镜来说,这两个交点可以看作是重合在一起的,这一点叫作透镜的<u>光心</u>,用符号 O 表示。

④焦点 Focus

平行于主轴的光线,通过<u>凸透镜</u>后会聚于主轴上的一点,这个点叫作凸透镜的<u>焦点</u>,用符号 F、F' 表示。

⑤焦距 Focal distance

从透镜的焦点到光心的距离叫透镜的<u>焦距</u>,用符号 f 表示。

⑥焦平面、副光轴、副焦点 Focal plane, secondary axis and secondary focus

通过主焦点垂直于主轴的平面叫<u>焦平面</u>。除了主轴以外,其他过光心的直线

第十二章 几何光学 Geometrical Optics

叫副光轴,简称副轴。副光轴与焦平面的交点,叫副焦点。

⑦物距 Object distance

物到光心的距离叫物距,用 u 来表示。

⑧像距 Image distance

像到光心的距离叫像距,用 v 来表示。

● 重要提示 Important note

①在透镜成像公式中,对于凸透镜来说,成实像时,物距 $u>0$,像距 $v>0$;成虚像时,物距 $u>0$,像距 $v<0$。对于凹透镜来说,焦距 $f<0$,像距 $v<0$。

②我们把像的长度跟物体的长度之比叫作像的放大率。又因为像距与物距的比等于像与物的长度之比,所以常以公式 $m=v/u$ 计算放大率。放大率为正值,像

距 v 取绝对值。

③ 中间厚、边缘薄的透镜叫凸透镜，凸透镜对光线有会聚作用，也叫会聚透镜，用符号 $\updownarrow$ 表示。中间薄、边缘厚的透镜叫凹透镜，凹透镜对光线有发散作用，也叫发散透镜，用符号 $\updownarrow$ 表示。

第十二章 几何光学 Geometrical Optics

词汇
Vocabulary

中文 Chinese	拼音 Pinyin	英文 English
反射光线	fǎnshè guāngxiàn	reflected ray
入射光线	rùshè guāngxiàn	incident ray
法线	fǎxiàn	normal
反射角	fǎnshèjiǎo	angle of reflection
入射角	rùshèjiǎo	angle of incidence
折射光线	zhéshè guāngxiàn	refracted ray
折射角	zhéshèjiǎo	angle of refraction
折射率	zhéshèlǜ	index of refraction
全反射	quánfǎnshè	total internal reflection
反射定律	fǎnshè dìnglǜ	law of reflection
折射定律	zhéshè dìnglǜ	law of refraction
光密介质	guāngmì jièzhì	optically denser medium
光疏介质	guāngshū jièzhì	optically rarer medium
临界角	línjièjiǎo	critical angle
棱镜	léngjìng	prism
色散	sèsàn	dispersion
光线	guāngxiàn	ray

(续表)

中文 Chinese	拼音 Pinyin	英文 English
透镜	tòujìng	lens
薄透镜	báotòujìng	thin lens
主光轴	zhǔguāngzhóu	principal optic axis
光心	guāngxīn	optical center
凸透镜	tūtòujìng	converging lens
焦点	jiāodiǎn	focus
焦距	jiāojù	focal distance
焦平面	jiāopíngmiàn	focal plane
副光轴	fùguāngzhóu	secondary optic axis
副焦点	fùjiāodiǎn	secondary focus
物距	wùjù	object distance
像距	xiàngjù	image distance
凹透镜	āotòujìng	diverging lens
放大率	fàngdàlǜ	magnification
会聚	huìjù	converging
发散	fāsàn	diverging

*第十三章 刚体定轴转动
Rotation of a Rigid Body about a Fixed Axis

本章常用符号

Symbols commonly used in physics

中文 Chinese	英文 English	国际通用符号 International symbol
力	force	$\vec{F}$
位置矢量	position vector	$\vec{r}$
力矩	moment of force (torque)	$\vec{M}$
质量	mass	m
转动惯量	moment of inertia	J
加速度矢量	acceleration vector	$\vec{a}$
动量	momentum	$\vec{p}$
法向加速度	normal acceleration	$\vec{a}_n$
切向加速度	tangential acceleration	$\vec{a}_t$
角加速度	angular acceleration	$\vec{\alpha}$
角速度	angular velocity	$\vec{\omega}$
角动量	angular momentum	$\vec{L}$

物理一点通

● 基础知识 Rudimentary knowledge

刚体 Rigid body

受力时不改变形状和体积的物体称为刚体。它是研究问题时的一种理想模型。

平动 Translation

在刚体运动中,连接刚体内任意两点的直线在空间的指向总保持平行,这种运动称为平动。这时刚体中的各点的运动都相同,可以简化为质量集中在质心的质点的运动。

转动 Rotation

在刚体运动中,如果各点都绕着某一条直线做圆周运动,这个刚体做的是转动,这条直线就称为转动轴。如果转动轴不随时间变化,就称为定轴转动。

*第十三章 刚体定轴转动 Rotation of a Rigid Body about a Fixed Axis

角速度 Angular velocity

角位移对时间的一阶导数 $\vec{\omega} = d\theta/dt$，方向沿转动轴，由右手螺旋法则确定，如图 13-1 所示。

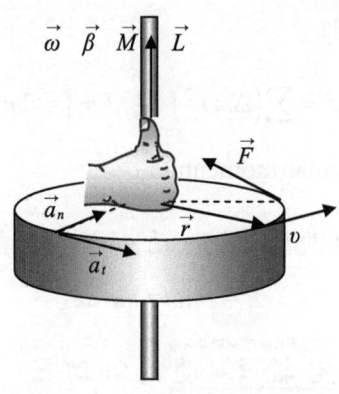

图 13-1　刚体转动的各物理量

角加速度 Angular acceleration

角加速度：角位移对时间的二阶导数 $\beta = d^2\theta/dt^2 = d\omega/dt$，方向沿转动轴，由右手螺旋法则确定，如图 13-1 所示。

179

转动惯量 Moment of inertia

转动惯量是描述刚体在转动中的惯性大小的物理量。它等于刚体中各质点的质量与到转动轴的距离的平方乘积之和。即

$$J = \sum \left(\Delta m_i r_i^2 \right) \text{ 或 } J = \int r^2 \mathrm{d}m$$

角动量 Angular momentum

质点（做圆周运动对圆心）的角动量：

$$L = rmv = mr^2\omega$$

刚体定轴转动的角动量：

$$L = J\omega$$

方向如图 13-1 所示。

力矩 Moment of force (torque)

力矩是位置矢量与力矢量的叉积（矢积）：

$$\vec{M} = \vec{r} \times \vec{F}$$

大小为 $M = rF\sin\theta$，方向沿转动轴，由右

* 第十三章 刚体定轴转动 Rotation of a Rigid Body about a Fixed Axis

手螺旋法则确定,如图13-1所示。

刚体定轴转动定律 Law of rotation of a rigid body about a fixed axis

刚体定轴转动时,刚体的角加速度与它所受的合外力矩成正比,与刚体的转动惯量成反比,简称<u>刚体转动定律</u>。

$$\vec{M} = J\vec{\beta}$$

角动量定理 Theorem of angular momentum

由 $\vec{M} = J\vec{\beta}$ 可推出:

$$M = J\beta = J\frac{d\omega}{dt} = \frac{d(J\omega)}{dt} \Rightarrow Mdt = d(J\omega)$$

积分可得

$$\int_{t_1}^{t_2} Mdt = \int_{L_1}^{L_2} d(J\omega) \Rightarrow \int_{t_1}^{t_2} Mdt = J\omega_2 - J\omega_1$$

所以,<u>角动量定理</u>的表达式为:

$$\int_{t_1}^{t_2} Mdt = J\omega_2 - J\omega_1$$

角动量守恒定律 Law of conservation of angular momentum

系统所受合外力矩为0,<u>角动量守恒</u>

定律：

$$J\omega_2 - J\omega_1 = 0$$

● 相关知识 Relevant knowledge

叉积（矢积）Cross product (vector product)

两个矢量的一种运算 $\vec{C}=\vec{A}\times\vec{B}$，矢量 $\vec{A}$ 与矢量 $\vec{B}$ 的叉积（或矢积）结果 $\vec{C}$ 仍是矢量，其大小 $C=AB\sin\theta$，方向为由 $\vec{A}$ (<180º) 向 $\vec{B}$ 螺旋前进的方向。

● 重要提示 Important note

①对刚体定轴转动定律 $\vec{M}=J\vec{\beta}$ 的理解和记忆可以参照牛顿第二定律 $\vec{F}_合=m\vec{a}$，将角量和线量一一对应，即 $\vec{M}_合$—$\vec{F}_合$，J—m，$\vec{\beta}$—$\vec{a}$。

②角动量守恒定律的应用条件是系统所受合外力矩为0。如果系统所受合

第十三章 刚体定轴转动 Rotation of a Rigid Body about a Fixed Axis

外力矩在某一方向的分量为0，那么在这个方向上角动量的分量一定不能变。角动量守恒在实际中应用非常广泛。

应用举例 Application example

【例】如图所示，一质量为 2.5 kg，半径为 20 cm 的均匀圆盘装在水平的光滑轴上。一质量为 1.2 kg 的物块由一根轻质绳绕在圆盘沿上自然下垂，物块从静止开始下落（绳不打滑）。求物块的加速度、圆盘的角加速度和绳中的张力。

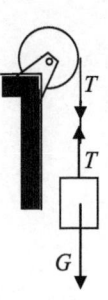

解：圆盘的质量和半径不能忽略，属于刚体的问题，应用刚体转动定律对圆盘列方程：

$$Tr = J\beta \Rightarrow Tr = \frac{1}{2}Mr^2\beta$$

应用牛顿二定律对物块列方程：

$$mg - T = ma; \quad \beta = \frac{a}{r}$$

三式联立解得：

$$a = \frac{2mg}{M+2m} = (2 \times 1.2 \times 9.8) \div (2.5 + 2 \times 1.2) = 4.8 \text{ m/s}^2$$

$$\beta = \frac{a}{r} = 4.8 \div 0.2 = 24 \text{ rad/s}^2$$

$$T = \frac{1}{2} Mr\beta = \frac{1}{2} \times 2.5 \times 0.2 \times 24 = 6 \text{ N}$$

*第十三章 刚体定轴转动 Rotation of a Rigid Body about a Fixed Axis

词汇
Vocabulary

中文 Chinese	拼音 Pinyin	英文 English
刚体	gāngtǐ	rigid body
平动	píngdòng	translation
质心	zhìxīn	center of mass
转动	zhuàndòng	rotation
转动轴	zhuàndòngzhóu	rotational axis
定轴转动	dìngzhóu zhuàndòng	fixed-axis rotation
角加速度	jiǎojiāsùdù	angular acceleration
转动惯量	zhuàndòng guànliàng	moment of inertia
角动量	jiǎodòngliàng	angular momentum
刚体定轴转动	gāngtǐ dìngzhóu zhuàndòng	rotation of a rigid body about a fixed axis
力矩	lìjǔ	moment of force (torque)
叉积（矢积）	chājī（shǐjī）	cross product (vector product)
刚体转动定律	gāngtǐ zhuàndòng dìnglǜ	law of rigid-body rotation
角动量定理	jiǎodòngliàng dìnglǐ	theorem of angulcer momentum
角动量守恒定律	jiǎodòngliàng shǒuhéng dìnglǜ	law of conservation of angular momentum
联立	liánlì	simultaneous

*第十四章 光的本性
The Nature of Light

本章常用符号
Symbols commonly used in physics

中文 Chinese	英文 English	国际通用符号 International symbol
普朗克常数	Planck constant	h
频率	frequency	ν
动能	kinetic energy	E_K
逸出功	work function	W

14.1 光的干涉与衍射 Interference and diffraction of light

● 基础知识 Rudimentary knowledge

14.1.1 光的干涉 Interference of light

两列或几列光波在空间相遇时相互叠加,在某些区域始终加强,在另一些区域则始终削弱,形成稳定的强弱分布

* 第十四章 光的本性 The Nature of Light

的现象叫作<u>光的干涉</u>。

14.1.2 光的衍射 Diffraction of light

光绕过障碍物偏离直线传播路径而进入阴影区里的现象，叫<u>光的衍射</u>。

● 相关知识 Relevant knowledge

① 杨氏双缝干涉 Young's double-slit experiment

一束平行的单色光通过单缝，而后投射到有两条狭缝 S_1、S_2 的挡板上，狭缝相距 0.1 mm，两狭缝到屏幕的距离相等。光是一种波，平行的光波同时照到狭缝 S_1、S_2 上，它们就成了两个振动情况总相同的波源，如图 14-1 所示。

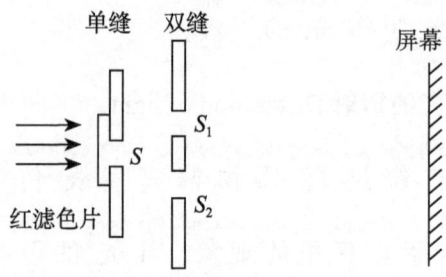

图 14-1　杨氏双缝干涉实验

它们发出的光在挡板后面的空间互相叠加,就发生了干涉现象:光在一些地方互相加强,在另一些地方互相减弱,在屏幕上就可以观察到明暗相间的干涉条纹。这就是著名的<u>杨氏双缝干涉实验</u>。

②<u>相干波源</u> Coherent sources

在双缝干涉实验中,双缝 S_1 和 S_2 相当于两个振动情况总相同的波源,称为<u>相干波源</u>。

*第十四章 光的本性 The Nature of Light

③圆孔衍射 Diffraction from a circular aperture

用点光源照射具有较大圆孔的挡板，在后面的屏上就得到一个圆形亮斑，它的直径可以按照光的直线传播规律作图得到。但是，如果圆孔缩小到一定程度，可以在屏上看到，光所到达的范围远远超过它沿直线传播所应照明的区域，这就是圆孔衍射现象。

● 重要提示 Important note

①产生稳定干涉的条件：只有两列光波的频率相同，位相差恒定，振动方向一致的相干光源，才能产生光的干涉。

②光产生明显衍射的条件：小孔或障碍物的尺寸比光波的波长小，或者跟波长差不多时，光才能发生明显的衍射现象。

14.2 光电效应与光子 Photoelectric effect and photon

● 基础知识 Rudimentary knowledge

爱因斯坦光电效应方程 Einstein's photoelectric equation

$$E_K = h\nu - W$$

其中，E_K 为逸出光电子的最大动能，W 为逸出功。

● 相关知识 Relevant knowledge

在光的照射下，物体发射电子的现象叫作光电效应，发射出来的电子叫作光电子。

● 重要提示 Important note

①各种金属都存在着极限频率和极限波长，如果入射光的频率比金属的极限频率低，那么无论光多么强，照射时间多么长，都不会发生光电效应。

*第十四章 光的本性 The Nature of Light

②如果入射光的频率高于极限频率,即使光不强,当它射到金属表面时也会观察到光电子发射。

词汇
Vocabulary

中文 Chinese	拼音 Pinyin	英文 English
加强	jiāqiáng	strengthen
削弱	xuēruò	weaken
光的干涉	guāng de gānshè	interference of light
光的衍射	guāng de yǎnshè	diffraction of light
单缝	dānfèng	single slit
杨氏双缝干涉实验	yángshì shuāngfèng gānshè shíyàn	Young's double-slit experiment
相干波源	xiānggān bōyuán	coherent sources
点光源	diǎnguāngyuán	point source
圆孔衍射	yuánkǒng yǎnshè	diffraction from a circular aperture
光电效应	guāngdiàn xiàoyìng	photoelectric effect
光电子	guāngdiànzǐ	photoelectron

*第十五章 分子动理论
Theory of Molecular Motion

本章常用符号

Symbols commonly used in physics

中文 Chinese	英文 English	国际通用符号 International symbol
阿伏加德罗常数	Avogadro constant	N_A
分子间距	distance between adjacent molecules	r
平衡位置	equilibrium position	r_0
功	work	W
热量	heat	Q
内能变化	change of internal energy	ΔU
内能	internal energy	U

15.1 分子热运动 Molecular thermal motion

● 基础知识 Rudimentary knowledge

热运动 Thermal motion

分子的无规则运动跟温度有关,温度

越高,分子的无规则运动就越剧烈,通常把分子的这种运动叫作热运动。

相关知识 Relevant knowledge

①分子大小 Size of a molecule

物理学中,测定分子大小的方法很多。用不同方法测得的分子直径是不完全相同的,但数量级是一致的,均为 10^{-10} m。

②阿伏加德罗常数 Avogadro constant

1 mol的任何物质都含有相同的粒子数,并用阿伏加德罗常数 N_A 来表示。

$$N_A = 6.02 \times 10^{23} \text{ mol}^{-1}$$

③扩散 Diffusion

不同物质相互接触时彼此进入对方的现象叫作扩散。

④布朗运动 Brownian motion

悬浮微粒不停地做无规则运动的现象,

*第十五章 分子动理论 Theory of Molecular Motion

是由英国植物学家布朗在1827年发现的,因此这种运动也叫作布朗运动。

⑤分子热运动动能 Kinetic energy of molecular thermal motion

物质的分子不停地做无规则运动,做热运动的分子具有动能,因此称为分子热运动动能。

⑥分子平均动能 Mean kinetic energy

在研究热现象时,我们所关心的不是每个分子的动能,而是物体中所有分子动能的平均值,这个平均值叫作分子热运动的平均动能。

● 重要提示 Important note

①"无规则"并不是没有规律可循。微观上,每个粒子都遵循力学规律,并且大量的粒子服从统计规律,只是宏观上无

法简单地对其进行有规律的控制。

②布朗运动不是微粒的无规则运动，而是反映了液体分子的无规则运动。

③温度越高，分子热运动的平均动能越大；温度越低，分子热运动的平均动能越小。

●应用举例 Application example

【例】关于分子热运动和布朗运动，下列说法正确的是（　　）。

A. 布朗微粒越大，同一时刻与之碰撞的液体分子越多，布朗运动越显著

B. 布朗运动是分子无规则运动的反映

C. 当气体的温度达到0℃时，气体分子的热运动就会停止

D. 布朗运动的剧烈程度和温度有关，所以布朗运动也叫热运动

参考答案：B

*第十五章 分子动理论 Theory of Molecular Motion

15.2 分子势能 Molecular potential energy

● 基础知识 Rudimentary knowledge

分子间存在相互作用力,分子间具有由它们相对位置决定的势能,这就是分子势能。

相关知识 Relevant knowledge

①分子间相互作用力 Molecular force

分子之间同时存在着引力和斥力,它们的大小都跟分子间距有关。

②平衡位置 Equilibrium position

当两分子间距为r_0时,分子间的引力和斥力相互平衡,分子间的作用力为0。r_0的数量级约为10^{-10}m,我们把相当于r_0的距离的位置叫作平衡位置。

● 重要提示 Important note

①当分子间距小于r_0时,引力和斥力虽

然都随着分子间距的减小而增大,但斥力增大得更快,因而分子间的作用力表现为斥力。

②当分子间距大于r_0时,引力和斥力虽然都随着分子间距的增大而减小,但是斥力减小得更快,因而分子间的作用力表现为引力,它随着分子间距的增大迅速减小。

③当分子间距的数量级大于10^{-9}m时,分子力就会变得十分微弱,可以忽略不计,所以分子力是一个短程作用力。

④分子势能随分子距离变化规律,如图15-1所示:$r=r_0$,势能E最小(平衡位置);$r<r_0$,合力为斥力,随r的减小,分子力做负功,势能E增大(压缩);$r>r_0$,合力为引力,随r的增大,分子力做正功,势能E增大(拉伸)。

*第十五章 分子动理论 Theory of Molecular Motion

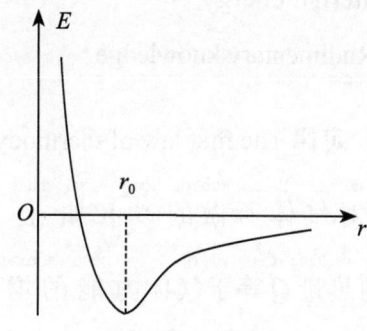

图 15-1 分子势能与分子间距的变化关系

应用举例 Application example

【例】甲、乙两个分子相距较远（此时它们之间的分子力可以忽略），设甲固定不动，乙逐渐向甲靠近，直到不能再靠近。在整个过程中，下列说法正确的是（　　）。

A. 分子力逐渐增大

B. 分子间的引力和斥力都逐渐增大

C. 当分子力主要表现为引力时，分子势能增加

D. 当分子力主要表现为斥力时，分子势能减少

参考答案：B

15.3 内能 Internal energy

● 基础知识 Rudimentary knowledge

热力学第一定律 The first law of thermodynamics

外界对气体所做的功 W 加上物体从外界吸收的热量 Q 等于气体内能的增加 ΔU，即

$$\Delta U = Q + W$$

● 相关知识 Relevant knowledge

气体的内能 Internal energy of a gas

气体中所有分子做热运动的动能和分子势能的总和叫作气体的内能。改变内能的两种方式：做功和热传递。

● 重要提示 Important note

①气体的内能跟气体的温度和体积有关。

②做功和热传递对改变物体的内能是等效的。

*第十五章 分子动理论 Theory of Molecular Motion

③做功是其他能量和内能之间的转化，功是内能转化的量度。

④热传递是内能间的转移，热量是内能转移的量度。

⑤在公式中，当外界对气体做功时，W取正；气体克服外力做功时，W取负。当气体从外界吸热时，Q取正；气体向外界放热时，Q取负。ΔU为正，表示物体内能增加；ΔU为负，表示物体内能减小。

应用举例 Application example

【例】下列说法中正确的是（　　）。

A. 温度低的气体内能小

B. 温度低的气体分子运动的平均速率小

C. 做加速运动的气体，由于速度越来越大，因此气体分子的平均动能越来越大

D. 外界对气体做功时，气体的内能不一定增加

参考答案：D

常用表达

Common expressions

用……来表示
be indicated by ...

1 mol 的任何物质都含有相同的粒子数，并用阿伏加德罗常数 N_A 来表示。

不是……而是……
not that ... but that ... / not ... but ...

在研究热现象时，我们所关心的不是每个分子的动能，而是物体中所有分子动能的平均值。

越……越……
the more ..., the more ...

温度越高，分子的无规则运动就越剧烈。

第十五章 分子动理论 Theory of Molecular Motion

随……增大/加强而减小/弱
reduction in *A* with the increase in *B*

随……减小/弱而增大/加强
increase in *A* with the reduction in *B*

随……增大/加强而增大/加强
increase in *A* with the increase in *B*

当分子间距大于r_0时,引力和斥力随着分子间距的增大而减小。

当分子间距小于r_0时,引力和斥力随着分子间距的减小而增大。

势能E随r的增大而增大。

词汇
Vocabulary

中文 Chinese	拼音 Pinyin	英文 English
热运动	rèyùndòng	thermal motion
阿伏加德罗常数	Āfújiādéluó chángshù	Avogadro constant
扩散	kuòsàn	diffusion
布朗运动	Bùlǎng Yùndòng	Brownian motion
分子热运动动能	fēnzǐ rèyùndòng dòngnéng	kinetic energy of molecular thermal motion
热现象	rèxiànxiàng	thermal phenomenon
分子热运动的平均动能	fēnzǐ rèyùndòng de píngjūn dòngnéng	mean kinetic energy of molecular thermal motion
分子势能	fēnzǐ shìnéng	molecular potential energy
引力	yǐnlì	attractive force
斥力	chìlì	repulsive force
内能	nèinéng	internal energy
做功	zuògōng	do work
热传递	rèchuándì	heat transfer
吸热	xīrè	endothermic
放热	fàngrè	exothermic

附录一 专业词汇表 Glossaries

1. 汉—英专业词汇表
Chinese-English glossary

中文 Chinese	拼音 Pinyin	英文 English
A		
阿伏加德罗常量	Āfújiādéluó chángliàng	Avogadro constant
安培定律	Ānpéi Dìnglǜ	Ampère's Law
安培力	ānpéilì	Ampère's force
凹透镜	āotòujìng	diverging lens
B		
摆长	bǎicháng	pendulum length
薄透镜	báotòujìng	thin lens
保守力	bǎoshǒulì	conservative force
爆炸	bàozhà	explosion
北极	běijí	north pole
闭合电路	bìhé diànlù	closed circuit
变化率	biànhuàlǜ	change rate
变速圆周运动	biànsù yuánzhōu yùndòng	non-uniform circular motion

(续表)

中文 Chinese	拼音 Pinyin	英文 English
并联	bìnglián	parallel connection
波长	bōcháng	wavelength
波动	bōdòng	fluctuation
波峰	bōfēng	crest
波谷	bōgǔ	trough
波速	bōsù	wave velocity
布朗运动	Bùlǎng Yùndòng	Brownian motion
C		
参考系	cānkǎoxì	reference frame
叉积（矢积）	chājī（shǐjī）	cross product (vector product)
长度	chángdù	length
场源	chǎngyuán	field source
乘积	chéngjī	product
斥力	chìlì	repulsive force
冲量	chōngliàng	impulse
充电	chōngdiàn	charging
初始条件	chūshǐ tiáojiàn	initial condition

附录一 专业词汇表 Glossaries

(续表)

中文 Chinese	拼音 Pinyin	英文 English
传播方向	chuánbō fāngxiàng	direction of propagation
串联	chuànlián	series connection
垂直方向	chuízhí fāngxiàng	perpendicular direction
磁场	cíchǎng	magnetic field
磁感线	cígǎnxiàn	magnetic induction line
磁感应强度	cígǎnyìng qiángdù	magnetic induction (intensity)
磁通量	cítōngliàng	magnetic flux
磁针	cízhēn	magnetic needle
粗糙	cūcāo	rough
D		
打击	dǎjī	hit
大气压力	dàqìyālì	atmospheric pressure
带电粒子	dàidiàn lìzǐ	charged particle
单摆	dānbǎi	simple pendulum
单缝	dānfèng	single slit
导数	dǎoshù	derivative

(续表)

中文 Chinese	拼音 Pinyin	英文 English
导体	dǎotǐ	conductor
导线	dǎoxiàn	wire
等量的	děngliàngde	equivalent
等容变化	děngróng biànhuà	isochoric change
等势面	děngshìmiàn	equipotential surface
等温变化	děngwēn biànhuà	isothermal change
等压变化	děngyā biànhuà	isobaric change
抵消	dǐxiāo	offset
点电荷	diǎndiànhè	point charge
点光源	diǎnguāngyuán	point source
点积（标积）	diǎnjī（biāojī）	point product (scalar product)
电场	diànchǎng	electric field
电场力	diànchǎnglì	electric field force
电场强度	diànchǎng qiángdù	electric field intensity
电场线	diànchǎngxiàn	electric field line
电池	diànchí	battery
电磁感应	diàncí gǎnyìng	electromagnetic induction

附录一 专业词汇表 Glossaries

（续表）

中文 Chinese	拼音 Pinyin	英文 English
电磁力	diàncílì	electromagnetic force
电动势	diàndòngshì	electromotive force
电功率	diàngōnglǜ	electric power
电荷	diànhè	electric charge
电介质	diànjièzhì	dielectric
电流强度	diànliú qiángdù	current intensity
电路	diànlù	circuit
电容	diànróng	capacitance
电容器	diànróngqì	capacitor
电势	diànshì	electric potential
电势差	diànshìchā	electric potential difference
电势能	diànshìnéng	electric potential energy
电压	diànyā	voltage
电源	diànyuán	power supply
电子流	diànzǐliú	electron current
电阻	diànzǔ	resistance
叠加	diéjiā	superposition

(续表)

中文 Chinese	拼音 Pinyin	英文 English
叠加原理	diéjiā yuánlǐ	superposition principle
定向移动	dìngxiàng yídòng	directional movement
定轴转动	dìngzhóu zhuàndòng	fixed-axis rotation
动量	dòngliàng	momentum
动量定理	dòngliàng dìnglǐ	theorem of momentum
动量守恒定律	dòngliàng shǒuhéng dìnglǜ	law of conservation of momentum
动摩擦因数	dòngmócā yīnshù	coefficient of kinetic friction
动能	dòngnéng	kinetic energy
动能定理	dòngnéng dìnglǐ	theorem of kinetic energy
多边形法则	duōbiānxíng fǎzé	polygon law
E		
额定	édìng	rated
F		
发散	fāsàn	diverging
法线	fǎxiàn	normal
法向	fǎxiàng	normal

附录一 专业词汇表 Glossaries

(续表)

中文 Chinese	拼音 Pinyin	英文 English
法向加速度	fǎxiàng jiāsùdù	normal acceleration
反射定律	fǎnshè dìnglǜ	law of reflection
反射光线	fǎnshè guāngxiàn	reflected ray
反射角	fǎnshèjiǎo	angle of reflection
反弹	fǎntán	bounce
反作用力	fǎnzuòyònglì	reacting force
放大率	fàngdàlǜ	magnification
放电	fàngdiàn	discharging
放热	fàngrè	exothermic
非保守力	fēibǎoshǒulì	non-conservative force
非惯性系	fēiguànxìngxì	non-inertial frame
分量式	fēnliàngshì	component formula
分配	fēnpèi	distribution
分子	fēnzǐ	molecule
分子热运动的平均动能	fēnzǐ rèyùndòng de píngjūn dòngnéng	mean kinetic energy of molecular thermal motion
分子热运动动能	fēnzǐ rèyùndòng dòngnéng	kinetic energy of molecular thermal motion

(续表)

中文 Chinese	拼音 Pinyin	英文 English
分子势能	fēnzǐ shìnéng	molecular potential energy
负功	fùgōng	negative work
副光轴	fùguāngzhóu	secondary optic axis
副焦点	fùjiāodiǎn	secondary focus
G		
感应电动势	gǎnyìng diàndòngshì	induced electromotive force
感应电流	gǎnyìng diànliú	induced current
感应起电	gǎnyìng qǐ diàn	charging by induction
干路	gànlù	main circuit
刚体	gāngtǐ	rigid body
刚体定轴转动	gāngtǐ dìngzhóu zhuàndòng	rotation of a rigid body about a fixed axis
刚体转动定律	gāngtǐ zhuàndòng dìnglǜ	law of rigid-body rotation
功	gōng	work
固有频率	gùyǒu pínlǜ	natural frequency
关系	guānxì	relation
惯性	guànxìng	inertia

附录一 专业词汇表 Glossaries

（续表）

中文 Chinese	拼音 Pinyin	英文 English
惯性系	guànxìngxì	inertial frame
惯性质量	guànxìng zhìliàng	inertial mass
光的干涉	guāng de gānshè	interference of light
光的衍射	guāng de yǎnshè	diffraction of light
光电效应	guāngdiàn xiàoyìng	photoelectric effect
光电子	guāngdiànzǐ	photoelectron
光密介质	guāngmì jièzhì	optically denser medium
光疏介质	guāngshū jièzhì	optically rarer medium
光线	guāngxiàn	ray
光心	guāngxīn	optical center
滚动摩擦力	gǔndòng mócālì	rolling frictional force
H		
恒定	héngdìng	constant
恒力	hénglì	constant force
横波	héngbō	transverse wave
横截面	héngjiémiàn	cross section
宏观	hóngguān	macroscopic
忽略不计	hūlüè bújì	ignore

(续表)

中文 Chinese	拼音 Pinyin	英文 English
胡克定律	Húkè Dìnglǜ	Hooke's Law
滑动摩擦力	huádòng mócālì	sliding frictional force
滑轮	huálún	pulley
环绕	huánrào	surround
环形	huánxíng	ring (loop)
恢复	huīfù	recover
回复力	huífùlì	restoring force
会聚	huìjù	converging
	J	
基本规律	jīběn guīlǜ	basic law
基本力	jīběnlì	fundamental force
机械波	jīxièbō	mechanical wave
机械能	jīxiènéng	mechanical energy
机械能守恒定律	jīxiènéng shǒuhéng dìnglǜ	law of conservation of mechanical energy
机械振动	jīxiè zhèndòng	mechanical oscillation
极板	jíbǎn	plate
极限	jíxiàn	limit
加强	jiāqiáng	strengthen

附录一 专业词汇表 Glossaries

（续表）

中文 Chinese	拼音 Pinyin	英文 English
加速	jiāsù	accelerate
简谐波	jiǎnxiébō	simple harmonic wave
简谐运动	jiǎnxié yùndòng	simple harmonic motion
检验电荷	jiǎnyàn diànhè	test charge
焦点	jiāodiǎn	focus
焦耳	jiāo'ěr	joule
焦距	jiāojù	focal distance
焦平面	jiāopíngmiàn	focal plane
角动量	jiǎodòngliàng	angular momentum
角动量定理	jiǎodòngliàng dìnglǐ	theorem of angular momentum
角动量守恒定律	jiǎodòngliàng shǒuhéng dìnglǜ	law of conservation of angular momentum
角加速度	jiǎojiāsùdù	angular acceleration
角速度	jiǎosùdù	angular velocity
接触	jiēchù	contact
介电常量	jièdiàn chángliàng	dielectric constant
介质	jièzhì	medium
劲度系数	jìndù xìshù	coefficient of stiffness

(续表)

中文 Chinese	拼音 Pinyin	英文 English
静电感应	jìngdiàn gǎnyìng	electrostatic induction
静电力	jìngdiànlì	electrostatic force
静电平衡	jìngdiàn pínghéng	electrostatic equilibrium
静电屏蔽	jìngdiàn píngbì	electrostatic shielding
静摩擦力	jìngmócālì	static frictional force
绝对零度	juéduì língdù	absolute zero
绝对值	juéduìzhí	absolute value
K		
开尔文	kāi'ěrwén	kelvin
空间周期性	kōngjiān zhōuqīxìng	spatial periodicity
库仑定律	Kùlún Dìnglǜ	Coulomb's Law
扩散	kuòsàn	diffusion
L		
拉力/张力	lālì/zhānglì	tensile force
棱镜	léngjìng	prism
楞次定律	Léngcì Dìnglǜ	Lenz's Law
理想模型	lǐxiǎng móxíng	ideal model

附录一 专业词汇表 Glossaries

（续表）

中文 Chinese	拼音 Pinyin	英文 English
力矩	lìjǔ	moment of force (torque)
粒子	lìzǐ	particle
联立	liánlì	simultaneous
量度	liángdù	measure
两端	liǎng duān	two ends
列方程	liè fāngchéng	set an equation
临界角	línjièjiǎo	critical angle
路程	lùchéng	path
路端电压	lùduān diànyā	terminal voltage
螺线管	luóxiànguǎn	solenoid
洛伦兹力	luòlúnzīlì	Lorentz force
M		
密部	mìbù	condensation
明确	míngquè	make clear
N		
南极	nánjí	south pole
内部	nèibù	interior

(续表)

中文 Chinese	拼音 Pinyin	英文 English
内力	nèilì	internal force
内能	nèinéng	internal energy
O		
欧姆定律	Ōumǔ Dìnglǜ	Ohm's Law
P		
帕斯卡	pàsīkǎ	pascal
排斥	páichì	repel
抛射体运动	pāoshètǐ yùndòng	projectile motion
碰撞	pèngzhuàng	collision
偏转	piānzhuǎn	deflect
频率	pínlǜ	frequency
平动	píngdòng	translation
平行板电容器	píngxíngbǎn diànróngqì	parallel plate capacitor
平行四边形法则	píngxíng sìbiānxíng fǎzé	parallelogram rule
平衡	pínghéng	balanced
平衡位置	pínghéng wèizhì	equilibrium position

附录一 专业词汇表 Glossaries

（续表）

中文 Chinese	拼音 Pinyin	英文 English
平均加速度矢量	píngjūn jiāsùdù shǐliàng	average acceleration vector
平均速度矢量	píngjūn sùdù shǐliàng	average velocity vector
普遍	pǔbiàn	general
Q		
强力	qiánglì	strong nuclear force
切向	qiēxiàng	tangential
切向加速度	qiēxiàng jiāsùdù	tangential acceleration
全反射	quánfǎnshè	total reflection
全振动	quánzhèndòng	complete oscillation
确切	quèqiè	exact
R		
热传递	rèchuándì	heat transfer
热力学温度	rèlìxué wēndù	thermodynamic temperature
热量	rèliàng	heat
热现象	rèxiànxiàng	thermal phenomenon
热运动	rèyùndòng	thermal motion
容纳	róngnà	accommodate

(续表)

中文 Chinese	拼音 Pinyin	英文 English
入射光线	rùshè guāngxiàn	incident ray
入射角	rùshèjiǎo	angle of incidence
弱力	ruòlì	weak nuclear force
S		
色散	sèsàn	dispersion
摄氏度	shèshìdù	degree Celsius
摄氏温度	Shèshì wēndù	Celsius temperature
伸直	shēnzhí	straighten
实心导体	shíxīn dǎotǐ	solid conductor
矢量	shǐliàng	vector
势能	shìnéng	potential energy
疏部	shūbù	rarefaction
水平面	shuǐpíngmiàn	horizontal plane
瞬时加速度矢量	shùnshí jiāsùdù shǐliàng	instantaneous acceleration vector
瞬时速度矢量	shùnshí sùdù shǐliàng	instantaneous velocity vector
T		
弹簧	tánhuáng	spring

附录一 专业词汇表 Glossaries

（续表）

中文 Chinese	拼音 Pinyin	英文 English
弹簧振子	tánhuáng zhènzǐ	spring oscillator
弹力	tánlì	elastic force
弹性势能	tánxìng shìnéng	elastic potential energy
弹性限度	tánxìng xiàndù	elastic limit
体积	tǐjī	volume
通电	tōngdiàn	electrify
同种	tóngzhǒng	homogeneous (like)
投影	tóuyǐng	projection
透镜	tòujìng	lens
凸透镜	tūtòujìng	converging lens
W		
外部	wàibù	exterior
弯曲	wānqū	bending
万有引力	wàn yǒu yǐnlì	universal gravitation
微观	wēiguān	microscopic
位移矢量	wèiyí shǐliàng	displacement vector
位置矢量	wèizhì shǐliàng	position vector

(续表)

中文 Chinese	拼音 Pinyin	英文 English
温度	wēndù	temperature
物距	wùjù	object distance
X		
吸热	xīrè	endothermic
吸引	xīyǐn	attract
线速度	xiànsùdù	linear velocity
相干波源	xiānggān bōyuán	coherent sources
像距	xiàngjù	image distance
形变	xíngbiàn	deformation
性质	xìngzhì	character (nature)
削弱	xuēruò	weaken
Y		
压强	yāqiáng	pressure
研究对象	yánjiū duìxiàng	study object
杨氏双缝干涉实验	yángshì shuāngfèng gānshè shíyàn	Young's double-slit experiment
异种	yìzhǒng	heterogeneous (unlike)
因素	yīnsù	factor

附录一 专业词汇表 Glossaries

(续表)

中文 Chinese	拼音 Pinyin	英文 English
引力	yǐnlì	attractive force
引力常量	yǐnlì chángliàng	gravitational constant
引力质量	yǐnlì zhìliàng	gravitational mass
元电荷	yuándiànhè	elementary charge
原状	yuánzhuàng	original state
圆孔衍射	yuánkǒng yǎnshè	diffraction from a circular aperture
匀加速直线运动	yúnjiāsù zhíxiàn yùndòng	uniformly accelerated rectilinear motion
匀速圆周运动	yúnsù yuánzhōu yùndòng	uniform circular motion
运动学	yùndòngxué	kinematics
Z		
增量	zēngliàng	increment
折射定律	zhéshè dìnglǜ	law of refraction
折射光线	zhéshè guāngxiàn	refracted ray
折射角	zhéshèjiǎo	angle of refraction
折射率	zhéshèlǜ	index of refraction
真空	zhēnkōng	vacuum

(续表)

中文 Chinese	拼音 Pinyin	英文 English
振动方向	zhèndòng fāngxiàng	direction of oscillation
振幅	zhènfú	amplitude
振源	zhènyuán	vibration source
振子	zhènzǐ	oscillator
正/负	zhèng/fù	positive/negative
正功	zhènggōng	positive work
支持力	zhīchílì	supporting force
支路	zhīlù	branch (circuit)
直角坐标系	zhíjiǎo zuòbiāoxì	rectangular coordinate system
质点	zhìdiǎn	particle
质点系	zhìdiǎnxì	system of particles
质心	zhìxīn	center of mass
中和	zhōnghé	neutralization
中心轴	zhōngxīnzhóu	central axis
重力	zhònglì	gravity
重力势能	zhònglì shìnéng	gravitational potential energy
重心	zhòngxīn	center of gravity

附录一 专业词汇表 Glossaries

（续表）

中文 Chinese	拼音 Pinyin	英文 English
周期	zhōuqī	period
主光轴	zhǔguāngzhóu	principal optic axis
转化	zhuǎnhuà	conversion
转动	zhuàndòng	rotation
转动惯量	zhuàndòng guànliàng	moment of inertia
转动轴	zhuàndòngzhóu	rotational axis
状态量	zhuàngtàiliàng	state variable
自感电动势	zìgǎn diàndòngshì	self-induced electromotive force
自感现象	zìgǎn xiànxiàng	self-induction
纵波	zòngbō	longitudinal wave
阻力	zǔlì	resistance
作用力	zuòyònglì	applied force
坐标系	zuòbiāoxì	coordinate system
做功	zuògōng	do work

2. 英—汉专业词汇表
English-Chinese glossary

英文 English	中文 Chinese	拼音 Pinyin
A		
absolute value	绝对值	juéduìzhí
absolute zero	绝对零度	juéduì língdù
accelerate	加速	jiāsù
accommodate	容纳	róngnà
acting force	作用力	zuòyònglì
Ampère's force	安培力	ānpéilì
Ampère's Law	安培定律	Ānpéi Dìnglǜ
amplitude	振幅	zhènfú
angle of incidence	入射角	rùshèjiǎo
angle of reflection	反射角	fǎnshèjiǎo
angle of refracted	折射角	zhéshèjiǎo
angular acceleration	角加速度	jiǎojiāsùdù
angular momentum	角动量	jiǎodòngliàng
angular velocity	角速度	jiǎosùdù

附录一 专业词汇表 Glossaries

（续表）

英文 English	中文 Chinese	拼音 Pinyin
atmospheric pressure	大气压力	dàqìyālì
attract	吸引	xīyǐn
attractive force	引力	yǐnlì
average acceleration vector	平均加速度矢量	píngjūn jiāsùdù shǐliàng
average velocity vector	平均速度矢量	píngjūn sùdù shǐliàng
Avogadro constant	阿伏加德罗常量	Āfújiādéluó chángliàng
B		
balanced	平衡	pínghéng
basic law	基本规律	jīběn guīlǜ
battery	电池	diànchí
bending	弯曲	wānqū
bounce	反弹	fǎntán
branch (circuit)	支路	zhīlù
Brownian motion	布朗运动	Bùlǎng Yùndòng
C		
capacitance	电容	diànróng

物理一点通

（续表）

英文 English	中文 Chinese	拼音 Pinyin
capacitor	电容器	diànróngqì
Celsius temperature	摄氏温度	Shèshì wēndù
center of gravity	重心	zhòngxīn
center of mass	质心	zhìxīn
central axis	中心轴	zhōngxīnzhóu
change rate	变化率	biànhuàlǜ
character (nature)	性质	xìngzhì
charged particle	带电粒子	dàidiàn lìzǐ
charging	充电	chōngdiàn
charging by induction	感应起电	gǎnyìng qǐ diàn
circuit	电路	diànlù
closed circuit	闭合电路	bìhé diànlù
coefficient of kinetic friction	动摩擦因数	dòngmócā yīnshù
coefficient of stiffness	劲度系数	jìndùxìshù
coherent sources	相干波源	xiānggān bōyuán
collision	碰撞	pèngzhuàng
complete oscillation	全振动	quánzhèndòng

附录一 专业词汇表 Glossaries

（续表）

英文 English	中文 Chinese	拼音 Pinyin
component formula	分量式	fēnliàngshì
condensation	密部	mìbù
conductor	导体	dǎotǐ
conservative force	保守力	bǎoshǒulì
constant	恒定	héngdìng
constant force	恒力	hénglì
contact	接触	jiēchù
converging	会聚	huìjù
converging lens	凸透镜	tūtòujìng
conversion	转化	zhuǎnhuà
coordinate system	坐标系	zuòbiāoxì
Coulomb's Law	库仑定律	Kùlún Dìnglǜ
crest	波峰	bōfēng
critical angle	临界角	línjièjiǎo
cross section	横截面	héngjiémiàn
current intensity	电流强度	diànliú qiángdù
D		
deflect	偏转	piānzhuǎn

(续表)

英文 English	中文 Chinese	拼音 Pinyin
deformation	形变	xíngbiàn
degree Celsius	摄氏度	shèshìdù
derivative	导数	dǎoshù
dielectric	电介质	diànjièzhì
dielectric constant	介电常量	jièdiàn chángliàng
diffraction from a circular aperture	圆孔衍射	yuánkǒng yǎnshè
diffraction of light	光的衍射	guāng de yǎnshè
diffusion	扩散	kuòsàn
direction of oscillation	振动方向	zhèndòng fāngxiàng
direction of propagation	传播方向	chuánbō fāngxiàng
directional movement	定向移动	dìngxiàng yídòng
discharging	放电	fàngdiàn
dispersion	色散	sèsàn
displacement vector	位移矢量	wèiyí shǐliàng
distribution	分配	fēnpèi

附录一 专业词汇表 Glossaries

（续表）

英文 English	中文 Chinese	拼音 Pinyin
diverging	发散	fāsàn
diverging lens	凹透镜	āotòujìng
do work	做功	zuògōng
E		
elastic force	弹力	tánlì
elastic limit	弹性限度	tánxìng xiàndù
elastic potential energy	弹性势能	tánxìng shìnéng
electric charge	电荷	diànhè
electric field	电场	diànchǎng
electric field force	电场力	diànchǎnglì
electric field intensity	电场强度	diànchǎng qiángdù
electric field line	电场线	diànchǎngxiàn
electric potential	电势	diànshì
electric potential difference	电势差	diànshìchā
electric potential energy	电势能	diànshìnéng
electric power	电功率	diàngōnglǜ

(续表)

英文 English	中文 Chinese	拼音 Pinyin
electrify	通电	tōngdiàn
electromagnetic force	电磁力	diàncílì
electromagnetic induction	电磁感应	diàncígǎnyìng
electromotive force	电动势	diàndòngshì
electron current	电子流	diànzǐliú
electrostatic equilibrium	静电平衡	jìngdiàn pínghéng
electrostatic force	静电力	jìngdiànlì
electrostatic induction	静电感应	jìngdiàn gǎnyìng
electrostatic shielding	静电屏蔽	jìngdiàn píngbì
elementary charge	元电荷	yuándiànhè
endothermic	吸热	xīrè
equilibrium position	平衡位置	pínghéng wèizhì
equipotential surface	等势面	děngshìmiàn
equivalent	等量的	děngliàngde

附录一 专业词汇表 Glossaries

（续表）

英文 English	中文 Chinese	拼音 Pinyin
exact	确切	quèqiè
exothermic	放热	fàngrè
explosion	爆炸	bàozhà
exterior	外部	wàibù
F		
factor	因素	yīnsù
field source	场源	chǎngyuán
fixed-axis rotation	定轴转动	dingzhóu zhuàndòng
fluctuation	波动	bōdòng
focal distance	焦距	jiāojù
focal plane	焦平面	jiāopíngmiàn
focus	焦点	jiāodiǎn
cross product (vector product)	叉积（矢积）	chājī（shǐjī）
frequency	频率	pínlǜ
fundamental force	基本力	jīběnlì
G		
general	普遍	pǔbiàn

(续表)

英文 English	中文 Chinese	拼音 Pinyin
gravitational constant	引力常量	yǐnlì chángliàng
gravitational mass	引力质量	yǐnlì zhìliàng
gravitational potential energy	重力势能	zhònglì shìnéng
gravity	重力	zhònglì
H		
heat	热量	rèliàng
heat transfer	热传递	rèchuándì
heterogeneous (unlike)	异种	yìzhǒng
hit	打击	dǎjī
homogeneous (like)	同种	tóngzhǒng
Hooke's Law	胡克定律	Húkè Dìnglǜ
horizontal plane	水平面	shuǐpíngmiàn
I		
ideal model	理想模型	lǐxiǎng móxíng
ignore	忽略不计	hūluè bújì
image distance	像距	xiàngjù

附录一 专业词汇表 Glossaries

（续表）

英文 English	中文 Chinese	拼音 Pinyin
impulse	冲量	chōngliàng
incident ray	入射光线	rùshè guāngxiàn
increment	增量	zēngliàng
index of refraction	折射率	zhéshèlǜ
induced current	感应电流	gǎnyìng diànliú
induced electromotive force	感应电动势	gǎnyìng diàndòngshì
inertia	惯性	guànxìng
inertial frame	惯性系	guànxìngxì
inertial mass	惯性质量	guànxìng zhìliàng
initial condition	初始条件	chūshǐ tiáojiàn
instantaneous acceleration vector	瞬时加速度矢量	shùnshí jiāsùdù shǐliàng
instantaneous velocity vector	瞬时速度矢量	shùnshí sùdù shǐliàng
interference of light	光的干涉	guāng de gānshè
interior	内部	nèibù
internal energy	内能	nèinéng
internal force	内力	nèilì

(续表)

英文 English	中文 Chinese	拼音 Pinyin
isobaric change	等压变化	děngyā biànhuà
isochoric change	等容变化	děngróng biànhuà
isothermal change	等温变化	děngwēn biànhuà
J		
joule	焦耳	jiāo'ěr
K		
kelvin	开尔文	kāi'ěrwén
kinematics	运动学	yùndòngxué
kinetic energy	动能	dòngnéng
kinetic energy of molecular thermal motion	分子热运动动能	fēnzǐ rèyùndòng dòngnéng
L		
law of conservation of angular momentum	角动量守恒定律	jiǎodòngliàng shǒuhéng dìnglǜ
law of conservation of mechanical energy	机械能守恒定律	jīxiènéng shǒuhéng dìnglǜ
law of conservation of momentum	动量守恒定律	dòngliàng shǒuhéng dìnglǜ

附录一 专业词汇表 Glossaries

（续表）

英文 English	中文 Chinese	拼音 Pinyin
law of reflection	反射定律	fǎnshè dìnglǜ
law of refraction	折射定律	zhéshè dìnglǜ
law of rigid-body rotation	刚体转动定律	gāngtǐ zhuàndòng dìnglǜ
length	长度	chángdù
lens	透镜	tòujìng
Lenz's Law	楞次定律	Léngcì Dìnglǜ
limit	极限	jíxiàn
linear velocity	线速度	xiànsùdù
longitudinal wave	纵波	zòngbō
Lorentz force	洛伦兹力	luòlúnzīlì
M		
macroscopic	宏观	hóngguān
magnetic field	磁场	cíchǎng
magnetic flux	磁通量	cítōngliàng
magnetic induction (intensity)	磁感应强度	cígǎnyìng qiángdù
magnetic induction line	磁感线	cígǎnxiàn

(续表)

英文 English	中文 Chinese	拼音 Pinyin
magnetic needle	磁针	cízhēn
magnification	放大率	fàngdàlǜ
main circuit	干路	gànlù
make clear	明确	míngquè
mean kinetic energy of molecular thermal motion	分子热运动的平均动能	fēnzǐ rèyùndòng de píngjūn dòngnéng
measure	量度	liángdù
mechanical energy	机械能	jīxiènéng
mechanical oscillation	机械振动	jīxiè zhèndòng
mechanical wave	机械波	jīxièbō
medium	介质	jièzhì
microscopic	微观	wēiguān
molecular potential energy	分子势能	fēnzǐ shìnéng
molecule	分子	fēnzǐ
moment of force (torque)	力矩	lìjǔ
moment of inertia	转动惯量	zhuàndòng guànliàng

附录一 专业词汇表 Glossaries

（续表）

英文 English	中文 Chinese	拼音 Pinyin
momentum	动量	dòngliàng
N		
natural frequency	固有频率	gùyǒu pínlǜ
negative work	负功	fùgōng
neutralization	中和	zhōnghé
non-conservative force	非保守力	fēibǎoshǒulì
non-inertial frame	非惯性系	fēiguànxìngxì
non-uniform circular motion	变速圆周运动	biànsù yuánzhōu yùndòng
normal	法线	fǎxiàn
normal	法向	fǎxiàng
normal acceleration	法向加速度	fǎxiàng jiāsùdù
north pole	北极	běijí
O		
object distance	物距	wùjù
offset	抵消	dǐxiāo
Ohm's Law	欧姆定律	Ōumǔ Dìnglǜ
optical center	光心	guāngxīn

(续表)

英文 English	中文 Chinese	拼音 Pinyin
optically denser medium	光密介质	guāngmì jièzhì
optically rarer medium	光疏介质	guāngshū jièzhì
original state	原状	yuánzhuàng
oscillator	振子	zhènzǐ
P		
parallel connection	并联	bìnglián
parallel plate capacitor	平行板电容器	píngxíngbǎn diànróngqì
parallelogram rule	平行四边形法则	píngxíng sìbiānxíng fǎzé
particle	粒子	lìzǐ
particle	质点	zhìdiǎn
pascal	帕斯卡	pàsīkǎ
path	路程	lùchéng
pendulum length	摆长	bǎicháng
period	周期	zhōuqī
perpendicular direction	垂直方向	chuízhí fāngxiàng

附录一　专业词汇表 Glossaries

（续表）

英文 English	中文 Chinese	拼音 Pinyin
photoelectric effect	光电效应	guāngdiàn xiàoyìng
photoelectron	光电子	guāngdiànzǐ
plate	极板	jíbǎn
point charge	点电荷	diǎndiànhè
point product (scalar product)	点积（标积）	diǎnjī（biāojī）
point source	点光源	diǎnguāngyuán
polygon law	多边形法则	duōbiānxíng fǎzé
position vector	位置矢量	wèizhì shǐliàng
positive/negative	正 / 负	zhèng/fù
positive work	正功	zhènggōng
potential energy	势能	shìnéng
power supply	电源	diànyuán
pressure	压强	yāqiáng
principal optic axis	主光轴	zhǔguāngzhóu
prism	棱镜	léngjìng
product	乘积	chéngjī
projectile motion	抛射体运动	pāoshètǐ yùndòng

(续表)

英文 English	中文 Chinese	拼音 Pinyin
projection	投影	tóuyǐng
pulley	滑轮	huálún
R		
rarefaction	疏部	shūbù
rated	额定	édìng
ray	光线	guāngxiàn
reacting force	反作用力	fǎnzuòyònglì
recover	恢复	huīfù
reference frame	参考系	cānkǎoxì
reflected ray	反射光线	fǎnshè guāngxiàn
refracted ray	折射光线	zhéshè guāngxiàn
relation	关系	guānxì
repel	排斥	páichì
repulsive force	斥力	chìlì
resistance	电阻	diànzǔ
resistance	阻力	zǔlì
rectangular coordinate system	直角坐标系	zhíjiǎo zuòbiāoxì
restoring force	回复力	huífùlì

附录一 专业词汇表 Glossaries

（续表）

英文 English	中文 Chinese	拼音 Pinyin
rigid body	刚体	gāngtǐ
ring (loop)	环形	huánxíng
rolling friction force	滚动摩擦力	gǔndòng mócālì
rotation	转动	zhuàndòng
rotation of a rigid body about a fixed axis	刚体定轴转动	gāngtǐ dìngzhóu zhuàndòng
rotational axis	转动轴	zhuàndòngzhóu
rough	粗糙	cūcāo
S		
secondary focus	副焦点	fùjiāodiǎn
secondary optic axis	副光轴	fùguāngzhóu
self-induced electromotive force	自感电动势	zìgǎn diàndòngshì
self-induction	自感现象	zìgǎn xiànxiàng
series connection	串联	chuànlián
set an equation	列方程	liè fāngchéng
simple harmonic motion	简谐运动	jiǎnxié yùndòng

(续表)

英文 English	中文 Chinese	拼音 Pinyin
simple harmonic wave	简谐波	jiǎnxiébō
simple pendulum	单摆	dānbǎi
simultaneous	联立	liánlì
single slit	单缝	dānfèng
sliding frictional force	滑动摩擦力	huádòng mócālì
solenoid	螺线管	luóxiànguǎn
solid conductor	实心导体	shíxīn dǎotǐ
south pole	南极	nánjí
spatial periodicity	空间周期性	kōngjiān zhōuqīxìng
spring	弹簧	tánhuáng
spring oscillator	弹簧振子	tánhuáng zhènzǐ
state variable	状态量	zhuàngtàiliàng
static frictional force	静摩擦力	jìngmócālì
straighten	伸直	shēnzhí
strengthen	加强	jiāqiáng
strong nuclear force	强力	qiánglì

附录一 专业词汇表 Glossaries

（续表）

英文 English	中文 Chinese	拼音 Pinyin
study object	研究对象	yánjiū duìxiàng
superposition	叠加	diéjiā
superposition principle	叠加原理	diéjiā yuánlǐ
supporting force	支持力	zhīchílì
surround	环绕	huánrào
system of particles	质点系	zhìdiǎnxì
T		
tangential	切向	qiēxiàng
tangential acceleration	切向加速度	qiēxiàng jiāsùdù
temperature	温度	wēndù
tensile force	拉力 / 张力	lālì/zhānglì
terminal voltage	路端电压	lùduān diànyā
test charge	检验电荷	jiǎnyàn diànhè
theorem of angular momentum	角动量定理	jiǎodòngliàng dìnglǐ
theorem of kinetic energy	动能定理	dòngnéng dìnglǐ
theorem of momentum	动量定理	dòngliàng dìnglǐ

(续表)

英文 English	中文 Chinese	拼音 Pinyin
thermal motion	热运动	rèyùndòng
thermal phenomenon	热现象	rèxiànxiàng
thermodynamic temperature	热力学温度	rèlìxué wēndù
thin lens	薄透镜	báotòujìng
total reflection	全反射	quánfǎnshè
translation	平动	píngdòng
transverse wave	横波	héngbō
trough	波谷	bōgǔ
two ends	两端	liǎng duān
U		
uniform circular motion	匀速圆周运动	yúnsù yuánzhōu yùndòng
uniformly accelerated rectilinear motion	匀加速直线运动	yúnjiāsù zhíxiàn yùndòng
universal gravitation	万有引力	wàn yǒu yǐnlì
V		
vacuum	真空	zhēnkōng
vector	矢量	shǐliàng

附录一 专业词汇表 Glossaries

（续表）

英文 English	中文 Chinese	拼音 Pinyin
vibration source	振源	zhènyuán
voltage	电压	diànyā
volume	体积	tǐjī
W		
wave velocity	波速	bōsù
wavelength	波长	bōcháng
weak nuclear force	弱力	ruòlì
weaken	削弱	xuēruò
wire	导线	dǎoxiàn
work	功	gōng
Y		
Young's double-slit experiment	杨氏双缝干涉实验	yángshì shuāngfèng gānshè shíyàn

附录二 常用表达
Common Expressions

1. ……是……

   A is *B*

   lì shì wù tǐ yǔ wù tǐ zhī jiān de xiāng hù zuò yòng
   力是物体与物体之间的相互作用。

2. 既……又……

   both … and … / … as well as …

   jì yǒu dà xiǎo yòu yǒu fāng xiàng de wù lǐ liàng　shì shǐ liàng
   既有大小又有方向的物理量，是矢量。

3. ……与（跟）……成正比

   A is directly proportional to *B*

   huá dòng mó cā lì　de dà xiǎo yǔ wù tǐ xiāng hù zhī jiān de
   滑动摩擦力f的大小与物体相互之间的

   zhèng yā lì　chéng zhèng bǐ
   正压力f_N成正比。

4. ……叫作（就是/称为）……

   … be called …

附录二 常用表达 Common Expressions

这个摩擦力和推力都作用在箱子上,它们的大小相等,方向相反,彼此平衡,因此箱子保持不动,这个摩擦力叫作静摩擦力。

5. ……与(跟/和)……相同

A is in accordance with *B*

平均速度也是矢量,方向与位移方向相同。

6. ……与(跟/和)……的比叫作……

The ratio of *A* and *B* is called …

位移 $\Delta \vec{r}$ 和发生这段位移所经历的时间间隔 Δt 的比叫作质点在这段时间内的平均速度。

7. 若……则……

if ... then ...

若圆周运动的半径为 r，转过的弧长对应的圆心角为 φ，则角速度 ω 为：$\omega = \dfrac{\varphi}{t}$

8. ……跟（与）……成反比

A is inversely proportional to B

物体的加速度跟物体的质量成反比。

9. 既不能……也不能……

can neither ... nor ...

电荷既不能被创造也不能被消灭，只能从一个物体转移到另一个物体，或者从物体的一部分转移到另一部分。

10. 不管……都……

no matter what/how ...

附录二 常用表达 Common Expressions

对同一个导体来说，不管电压和电流的大小如何变化，比值 R 都是恒定的。

11. 等于……之和
be equal to the sum of …

串联电路两端的电压等于各电阻两端的电压之和。

12. 与……无关
have nothing to do with …

简谐运动的频率由振动系统本身的性质决定，与振幅大小无关。

13. ……是……的条件
A and B are the essential factors for C

振源和介质是机械波产生的条件。

14. 用……来表示

be indicated by …

1 mol 的任何物质都含有相同的粒子数,并用阿伏加德罗常量 N_A 来表示。

15. 不是……而是……

not that … but that … / not …. but …

在研究热现象时,我们所关心的不是每个分子的动能,而是物体中所有分子动能的平均值。

16. 越……越……

the more …, the more …

温度越高,分子的无规则运动就越剧烈。

17. 随……增大/加强而减小/弱

reduction in A with the increase in B

附录二 常用表达 Common Expressions

随……减小 / 弱而增大 / 加强

increase in A with the reduction in B

随……增大 / 加强而增大 / 加强

increase in A with the increase in B

当分子间距大于r_0时,引力和斥力随着分子间距的增大而减小。

当分子间距小于r_0时,引力和斥力随着分子间距的减小而增大。

势能E随r的增大而增大。

附录三 常用物理单位表
Common Physical Units

物理量 Physical quantity 单位 Unit*	拼音 Pinyin	英文 English	国际通用 单位符号 International symbol
波长 米	bōcháng mǐ	wavelength meter	λ m
波速 米每秒	bōsù mǐ měi miǎo	wave velocity meter per second	v m/s
磁感应强度 特[斯拉]	cígǎnyìng qiángdù tè (sīlā)	magnetic induction tesla	B T
长度 米	chángdù mǐ	length meter	L, l m
冲量 牛[顿]秒	chōngliàng niú (dùn) miǎo	impulse newton-second	I N·s
磁通量 韦[伯]	cítōngliàng wéi (bó)	magnetic flux weber	Φ Wb
电荷量 库[仑]	diànhèliàng kù (lún)	electric charge coulomb	Q C
电流 安[培]	diànliú ān (péi)	current ampere	I A
电容 法[拉]	diànróng fǎ (lā)	capacitance farad	C F

附录三 常用物理单位表 Common Physical Units

（续表）

物理量 Physical quantity 单位 Unit*	拼音 Pinyin	英文 English	国际通用 单位符号 International symbol
电势差（电压） 伏[特]	diànshìchā (diànyā) fú (tè)	electric potential difference (voltage) voltage	U V
电阻 欧[姆]	diànzǔ ōu (mǔ)	resistance ohm	R Ω
动量 千克米每秒	dòngliàng qiānkè mǐ měi miǎo	momentum kilogram-meter per second	p kg·m/s
功 焦[耳]	gōng jiāo (ěr)	work joule	W J
功率 瓦[特]	gōnglǜ wǎ (tè)	power watt	P W
加速度 米每二次方秒	jiāsùdù mǐ měi èrcìfāng miǎo	acceleration meter per second squared	a m/s²
角 弧度	jiǎo húdù	angle radian	° rad
角动量 千克二次方米每秒	jiǎodòngliàng qiānkè èrcìfāng mǐ měi miǎo	angular momentum kilogram-meter squared per second	L kg·m²/s

(续表)

物理量 Physical quantity 单位 Unit*	拼音 Pinyin	英文 English	国际通用 单位符号 International symbol
角加速度 弧度每二次方秒	jiǎojiāsùdù húdù měi èrcìfāng miǎo	angular acceleration radian per second squared	α rad/s^2
角速度 弧度每秒	jiǎosùdù húdù měi miǎo	angular velocity radian per second	ω rad/s
力 牛 [顿]	lì niú (dùn)	force newton	F N
力矩 牛 [顿] 米	lìjǔ niú (dùn) mǐ	moment of force (torque) newton-meter	M N·m
动摩擦因数 —	dòngmócā yīnshù —	coefficient of kinetic friction —	μ —
能量 焦 [耳]	néngliàng jiāo (ěr)	energy joule	E J
频率 赫 [兹]	pínlǜ hè (zī)	frequency hertz	f Hz
时间 日、时、分、秒	shíjiān rì, shí, fēn, miǎo	time day, hour, minute, second	t d, h, min, s
速度 米每秒	sùdù mǐ měi miǎo	velocity meter per second	v m/s

附录三 常用物理单位表 Common Physical Units

（续表）

物理量 Physical quantity / 单位 Unit*	拼音 Pinyin	英文 English	国际通用单位符号 International symbol
劲度系数 牛[顿]每米	jìndù xìshù niú (dùn) měi mǐ	coefficient of stiffness newton per meter	k N/m
体积 立方米	tǐjī lìfāng mǐ	volume cubic meter	V m^3
热力学温度 开[尔文]	rèlìxué wēndù kāi (ěrwén)	thermodynamic temperature kelvin	T K
压强 帕[斯卡]	yāqiáng pà (sīkǎ)	pressure pascal	p Pa
折射率 —	zhéshèlǜ —	index of refraction	n —
质量 千克	zhìliàng qiānkè	mass kilogram	m kg
周期 秒	zhōuqī miǎo	period second	T s
转动惯量 千克二次方米	zhuàndòng guànliàng qiānkè èrcìfāng mǐ	moment of inertia kilogram-meter squared	J $kg \cdot m^2$